SHAKE

Hundebabys schütteln sich

CARLI DAVIDSON

AUS DEM AMERIKANISCHEN VON ULRIKE KRETSCHMER

KNESEBECK

Titel der Originalausgabe: *SHAKE PUPPIES*
Erschienen bei Harper Design, einem Imprint
von HarperCollinsPublishers, New York
Copyright © 2014 by Carli Davidson

Deutsche Erstausgabe
Copyright © 2014 von dem Knesebeck GmbH &
Co. Verlag KG, München
Ein Unternehmen der La Martinière Groupe
Umschlagadaption: Leonore Höfer, Knesebeck
Verlag
Satz und Herstellung: VerlagsService Dietmar
Schmitz GmbH, Heimstetten
Druck: PRINT CONSULT GmbH, München
Printed in the EU

ISBN 978-3-86873-808-7

Alle Rechte vorbehalten, auch auszugsweise.

www.knesebeck-verlag.de

Für Tim. Mit deiner bedingungslosen, verrückten, unglaublichen Liebe und Unterstützung machst du meine Kreativität erst möglich.

Für Norbert, Yushi und Saul. Ihr habt mich im letzten Jahr in den langen Arbeitsstunden immer abwechselnd zum Lachen gebracht. Ihr drei erinnert mich ständig daran, im Hier und Jetzt zu leben.

Für Amanda Giese. Ihr Humor und ihr Engagement – sowohl bei als auch nach der Arbeit – haben mir bei diesem Buch unendlich geholfen.

EINFÜHRUNG

Jedes Mal, wenn ich Hundewelpen sehe, werde ich von einer Woge von Emotionen überrollt. Ich falle auf die Knie, meine Stimme springt mindestens zwei Oktaven höher, mir wird warm ums Herz und ich bin von der Neugier, dem Wissensdurst, dem Spieltrieb und dem grenzenlosen Vertrauen der kleinen Knutschkugeln hin und weg. Wer die emotionale Intelligenz von Tieren und ihre Empathiefähigkeit anzweifelt, hat meiner Meinung nach noch nie einen Korb voller tapsiger Hundebabys gesehen.

Hundebabys für ein ganzes Buch zu fotografieren war eine wundervolle Erfahrung, aber auch eine Herausforderung. Wenn ich nach einem langen Arbeitstag nach Hause kam, tat mir vom endlosen Herumliegen auf dem Boden in den unmöglichsten Körperhaltungen (denn nur so kann man das perfekte Foto machen) alles weh. Ich traute mich kaum noch unter Leute, weil ich schon den Geruch der Hunde angenommen hatte. Und mehr als einmal schliefen mir die Beine ein, weil mir eines meiner tierischen Fotomodelle auf dem Schoß eingeschlafen war und träumend vor sich hin nuckelte. Aber trotz des straffen Zeitplans waren die Fotosessions immer erfrischend und belebend – definitiv eine Arbeit, die mich glücklich macht.

Was mir aber schwerfiel, war, heimzukommen und daran denken zu müssen, wie viele Welpen kein Zuhause haben. Ebenso traurig macht es mich, dass so viele Hunde, denen man als Welpen weder Geduld noch Führung entgegengebracht hat, im Tierheim landen und dort als ausgewachsene Tiere kaum Chancen auf ein neues Zuhause haben. Diese Hunde machen einen Großteil der Millionen herrenloser Tiere in den Heimen aus. Sie wurden aufgegeben, abgeschoben oder »freigelassen«. Diese »Freiheit« bedeutet für die Tiere Hunger, Angst und Einsamkeit.

Wie der erste Band (SHAKE – *Hunde geschüttelt*) entstand auch dieses neue Buch, das Sie nun in Händen halten, aus der Absicht heraus, Menschen zum Schmunzeln zu bringen. Hunde, die sich wohl fühlen, dienten mir selbst oft genug als Inspiration. Und dass Hundewelpen unglaublich niedlich und unwiderstehlich sind, ist ebenso sicher wie die Newton'schen Gesetze.

Falls dieses Buch Sie dazu inspiriert, sich einen Hund anzuschaffen – fantastisch! Aber überlegen Sie sich bitte, welcher Hund als langjähriger Weggefährte zu Ihnen passen könnte. Überdenken Sie auch, ob Sie einen Welpen über einen Züchter oder eine Zoohandlung erwerben wollen. Wenn Sie sich einen vierbeinigen Mitbewohner wünschen, könnten Sie sich auch an ein Tierheim wenden. Sogar falls Ihnen eine bestimmte Rasse vorschwebt, könnten Sie in Tierheimen fündig werden, denn 25 Prozent aller Tierheimhunde sind reinrassig – und bestimmt helfen Ihnen Hundevereine in Ihrer näheren Umgebung gerne bei der Suche.

Mich packte bei der Arbeit an diesem Buch das Welpenfieber – nicht weiter verwunderlich angesichts der Tatsache, dass ich es von früh bis spät mit knuffigen Hundebabys zu tun hatte. Und von einem Moment auf den anderen konnte ich den Wunsch nicht mehr ignorieren:

Ich wollte unbedingt noch einen Hund.

Als Frauchen eines älteren Hundes und einer Katze trug ich mich schon seit längerem mit dem Gedanken, mir noch ein Haustier zuzulegen. Ich wartete eigentlich nur noch auf die entsprechende Gelegenheit. Einige der Hundebabys, die ich für dieses Buch ablichtete, waren fast unerträglich schnuckelig. Allerdings hielt mich mein Vorhaben, zwei Bücher in zwei Jahren herauszubringen, ununterbrochen auf Trab – meine Mutterinstinkte mussten also noch eine Weile warten. Ich war mir absolut im Klaren darüber, dass ein Welpe meine volle Aufmerksamkeit fordern würde, daher befürchtete ich, dass es nicht der richtige Zeitpunkt wäre. Schweren Herzens entschloss ich mich, es vorerst beim Tantendasein für die süßen Hundebabys zu belassen, die ich tagsüber ins Herz schloss, abends aber wieder zurückgab.

Und dann erzählte mir ein Nachbar, dass ein Freund von ihm verzweifelt auf der Suche nach jemandem war, der den in die Jahre gekommenen Hund seiner kränkelnden Mutter adoptierte. Und so nahm ich Saul in Pflege. Mir wurde rasch klar, dass ich meinen neuen – na gut, etwas gebrauchten –, acht Jahre alten Welpen gefunden hatte.

Saul hatte Übergewicht, ein verfilztes Fell und litt sehr unter der Trennung von seiner langjährigen Besitzerin. Er hatte Hautkrebs und erhebliche (wenn auch glücklicherweise nicht unauflösbare) Angst, allein zu sein, was ihn lange Zeit in Panik versetzte, sobald ich das Haus verließ. Er war wahrhaft kein süßes, pflegeleichtes Hundebaby, aber er war dennoch perfekt für mich.

Einige Monate lang musste Saul mit viel Geduld und Zuwendung aufgepäppelt werden. Er erhielt eine langsame, konsequente Erziehung, gesundes Futter und eine kleine Operation. Stubenrein war er schon und er verstand auch bereits Grundkommandos wie »Sitz«, »Bleib« oder »Komm«. Außerdem war er sehr wissbegierig, ruhig und benahm sich wie ein würdevoller älterer Hund. Er war glücklich, wenn er ein wenig herumschnüffeln und sich mir zu Füßen legen durfte, wo er auf Streicheleinheiten wartete. Er interessierte sich mehr für Menschen als für andere Hunde, ein Ausflug auf die Hundewiese war also in Ordnung, aber kein Muss. Bewegung bekam er genug: Ich ging täglich mit ihm spazieren und spielte hinter dem Haus mit ihm.

Ich investierte in seine medizinische Versorgung, in ein weiches und bequemes Körbchen, in hochwertiges Hundefutter, in eine Tierkrankenversicherung, in einige atemberaubende Spielzeuge, die er einfach ignorierte, und in eine neue Leine. Ich brachte mich hinsichtlich des Leinentrainings auf den neuesten Stand und erkundigte mich bei einem Profi, was man gegen Sauls Angst, allein zu bleiben, tun könnte. Alles in allem kostete das sicher weniger, als sich einen Welpen anzuschaffen, ihn zu impfen, auszustatten und auszubilden – ganz zu schweigen von den Kosten für ein neues Paar Lieblingsstiefel und ein neues Sofa ohne Hundebissspuren.

Schon an dem Tag, als ich Saul aufgenommen hatte, war es mir völlig egal, dass er keine Traumfigur besaß und etwas mitgenommen aussah. Wir verstanden uns bestens – und darauf kam es an. Ich verabschiedete mich von den oberflächlichen Vorstellungen davon, wie mein neuer Hund auszusehen hatte, und das fühlte sich hervorragend an. Und dank einer neuen Frisur und gesünderem Futter stellte sich bald heraus, dass ich mir einen verdammt gut aussehenden Hund angelacht hatte.

Das Faszinierende an älteren Haustieren ist, dass sie gleichzeitig wie Kinder und Eltern sind. Meine Hunde Norbert und Saul und meine Katze Yushi befinden sich bereits in einem Lebensstadium, das ich erst in vielen Jahren erreichen werde. Sie verändern sich körperlich: Sie werden langsamer, benötigen mehr Schlaf und genießen es, mit Zuneigung überschüttet zu werden. Sie zeigen mir, wie es ist, älter zu werden, trotz frustrierender Einschränkungen geduldig und beharrlich zu bleiben und mit zunehmendem Alter sanfter zu werden. Es ist zwar etwas ganz anderes, als Welpen beim Herumtollen zu beobachten, aber es ist nicht minder berührend und bewegend.

Das Beste, was Sie für Ihren Hund tun können, ist, ihn von Anfang an richtig zu erziehen. Wenn Sie wenig Erfahrung in Hundeerziehung haben, sollten Sie lieber einen erwachsenen Hund aufnehmen, der zu Ihrer Lebensweise passt – unabhängig von Rasse oder Aussehen.

Ebenso wichtig ist es, den Hund sterilisieren bzw. kastrieren zu lassen, und für die Gesundheit und das Verhalten Ihres Hundes hat es zahlreiche Vorteile, wenn Sie den Eingriff vor der Geschlechtsreife des Tieres vornehmen lassen.

Studien zufolge werden in den USA jährlich Millionen von Hunden in Tierheimen abgegeben oder ausgesetzt. Der Hauptgrund hierfür besteht darin, dass die Tiere als Welpen nicht richtig erzogen wurden, und das Durchschnittsabgabealter beträgt 18 Monate. In diesem Alter sind die Tiere plötzlich nicht mehr »welpensüß«, sondern werden erwachsen und hinterfragen ihren Platz im Rudel, doch im Grunde genommen sind sie immer noch Halbstarke, die gerade jetzt nach Orientierung suchen.

Tiere haben mir immer geduldig zugehört und mich oft getröstet. Deshalb möchte ich mich auf diesem Wege für das Wohlergehen von Haustieren einsetzen. Während ich dies schreibe, schmiegt sich Saul an meine Füße. Sauls und Norberts Schnarchen fügt sich harmonisch in den Brian-Eno-Track ein, der im Hintergrund läuft. In meinem Haus geht es durch meine betagten Haustiere gelassen zu. Sie erinnern mich stets daran, mich regelmäßig zu bewegen; und mit ihrem Bellen beschützen sie unser kleines Rudel vor einer sehr ernst zu nehmenden Bedrohung: dem Postboten.

Carli Davidson

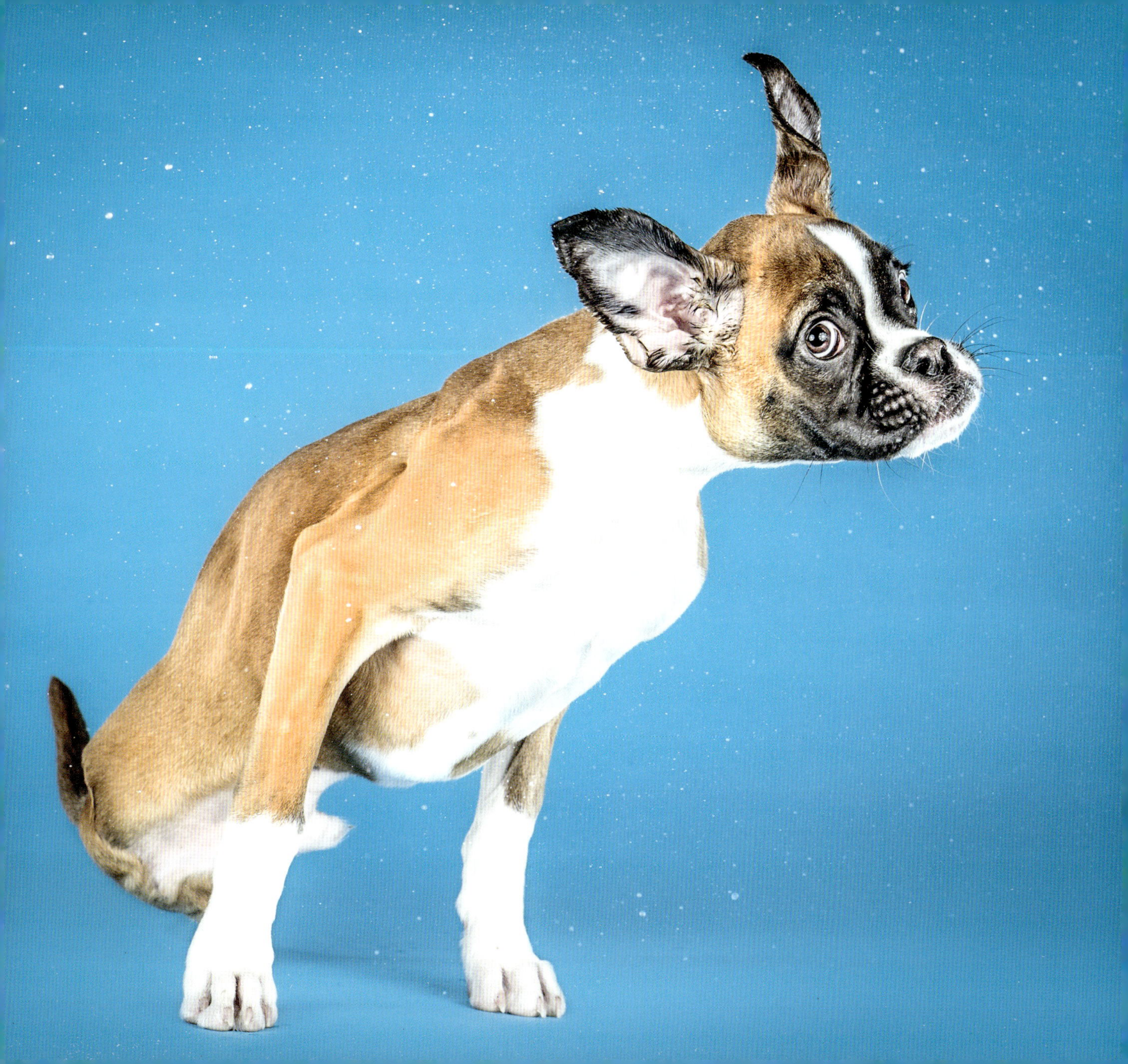

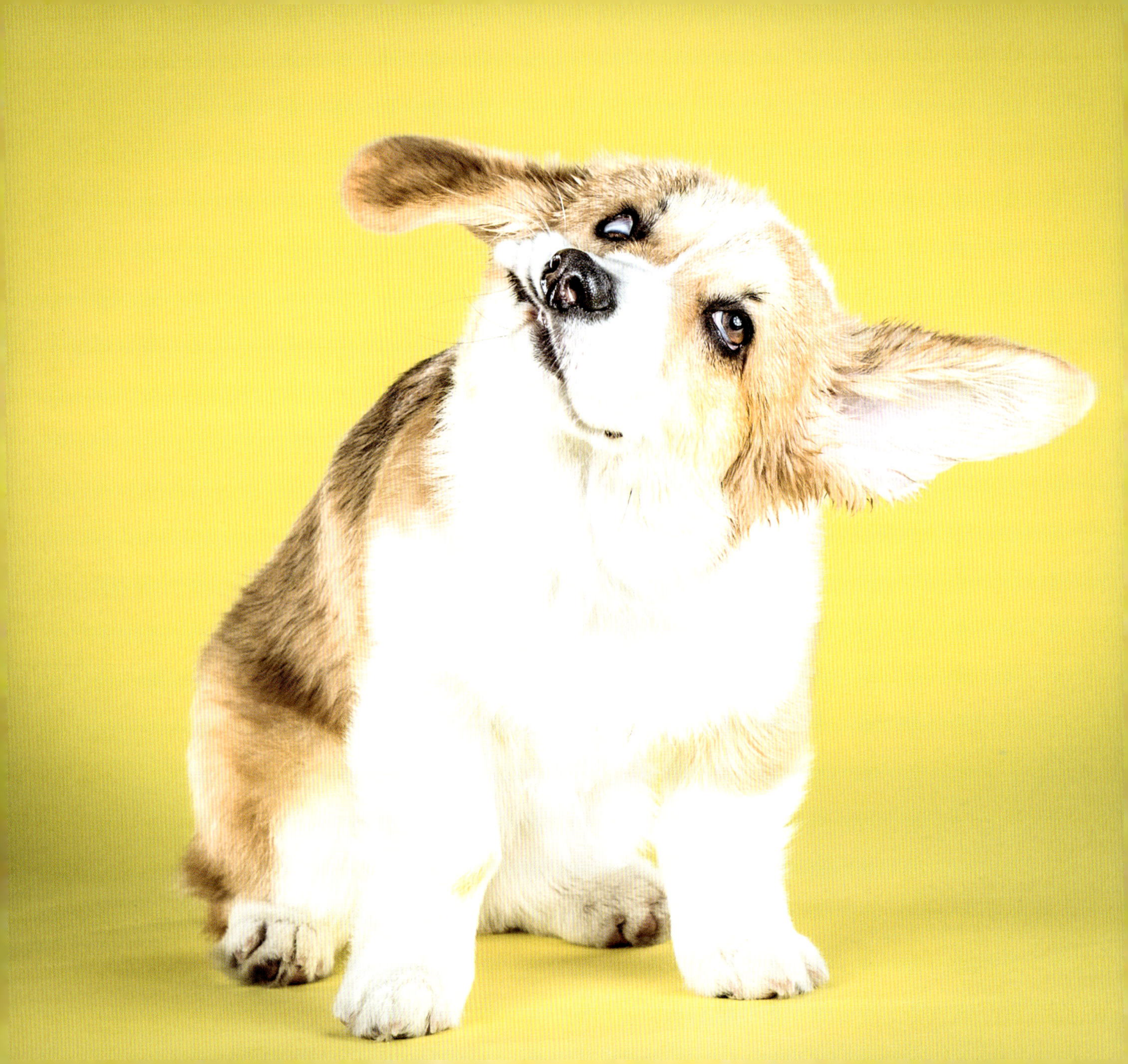

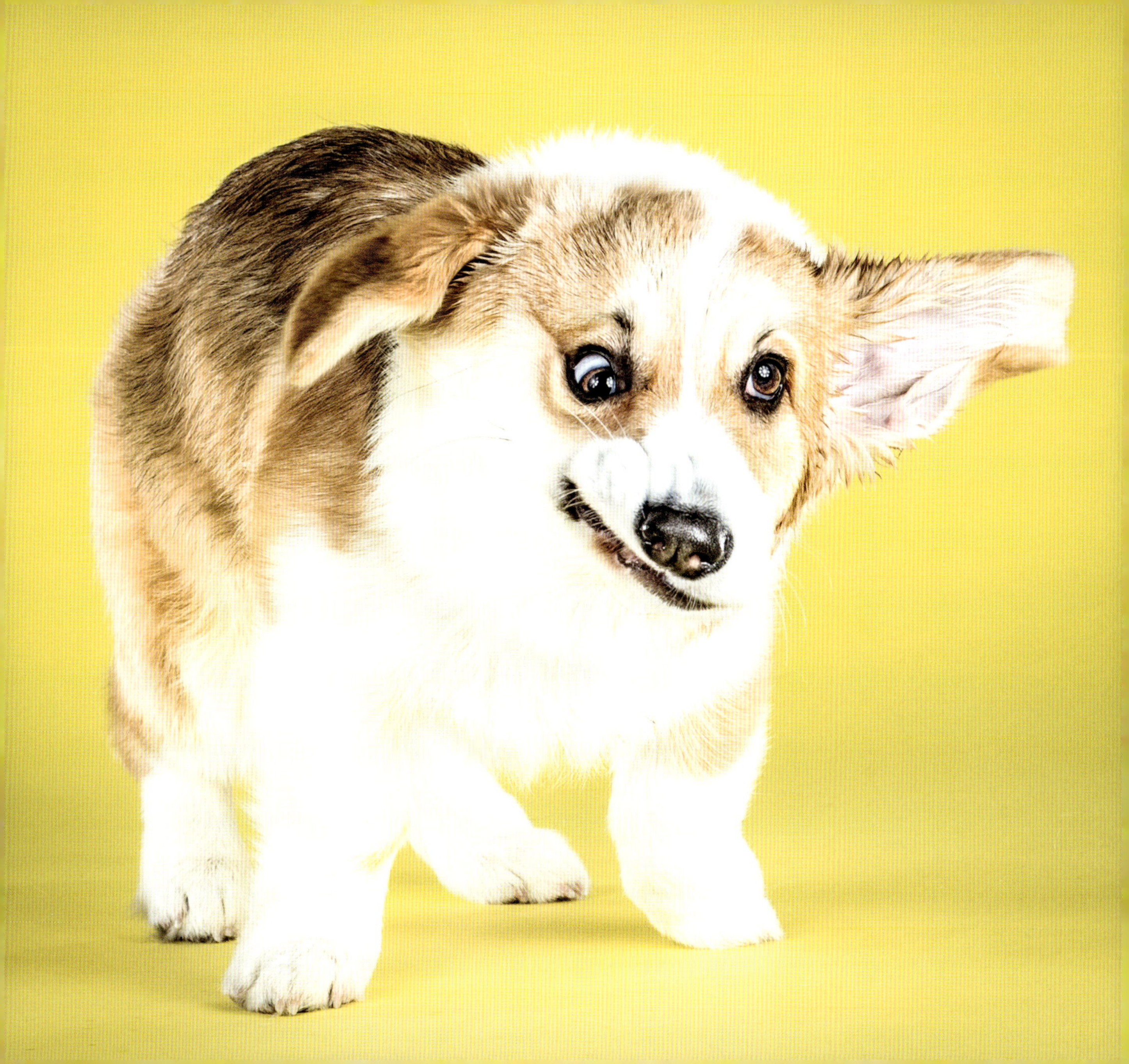

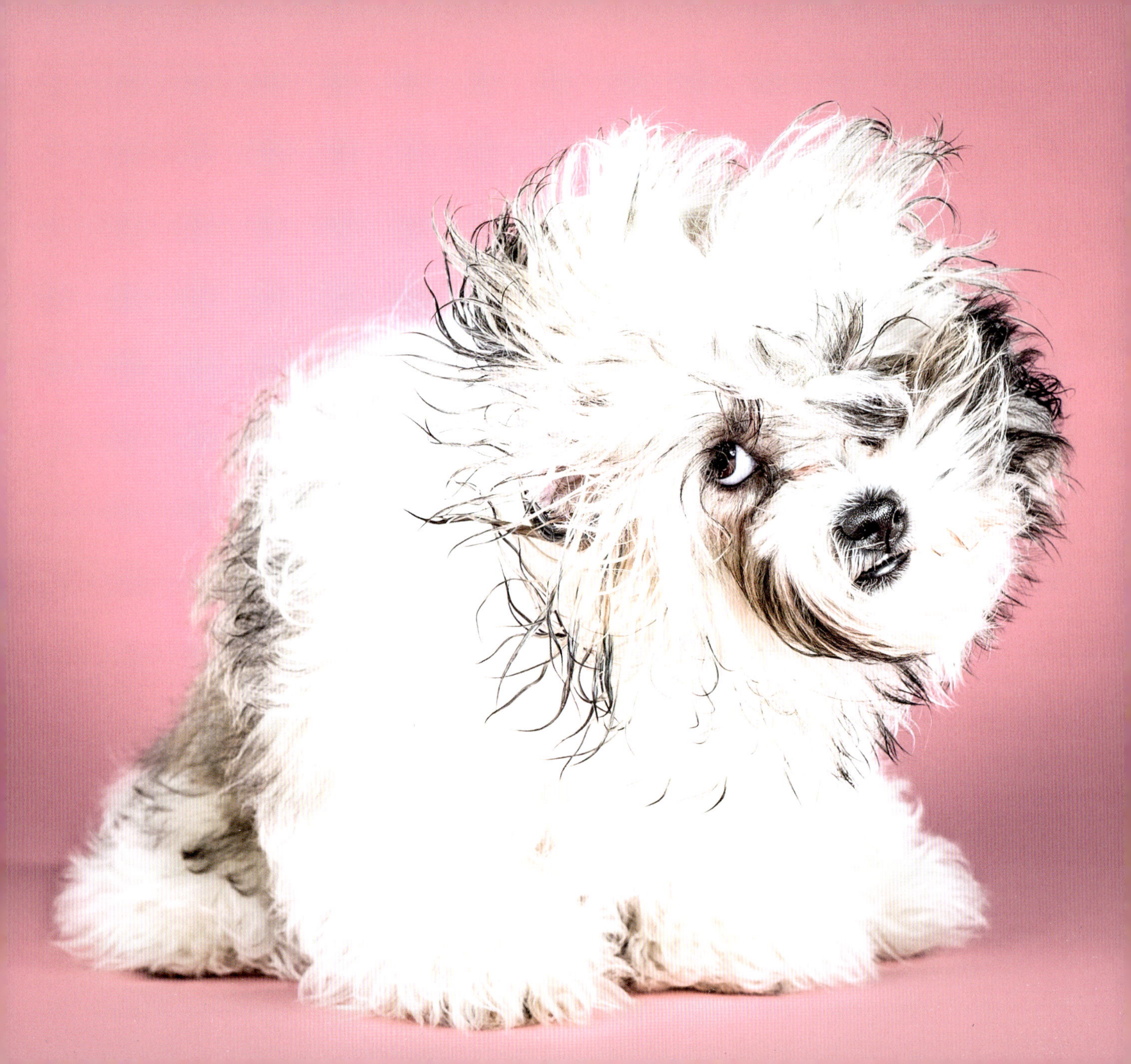

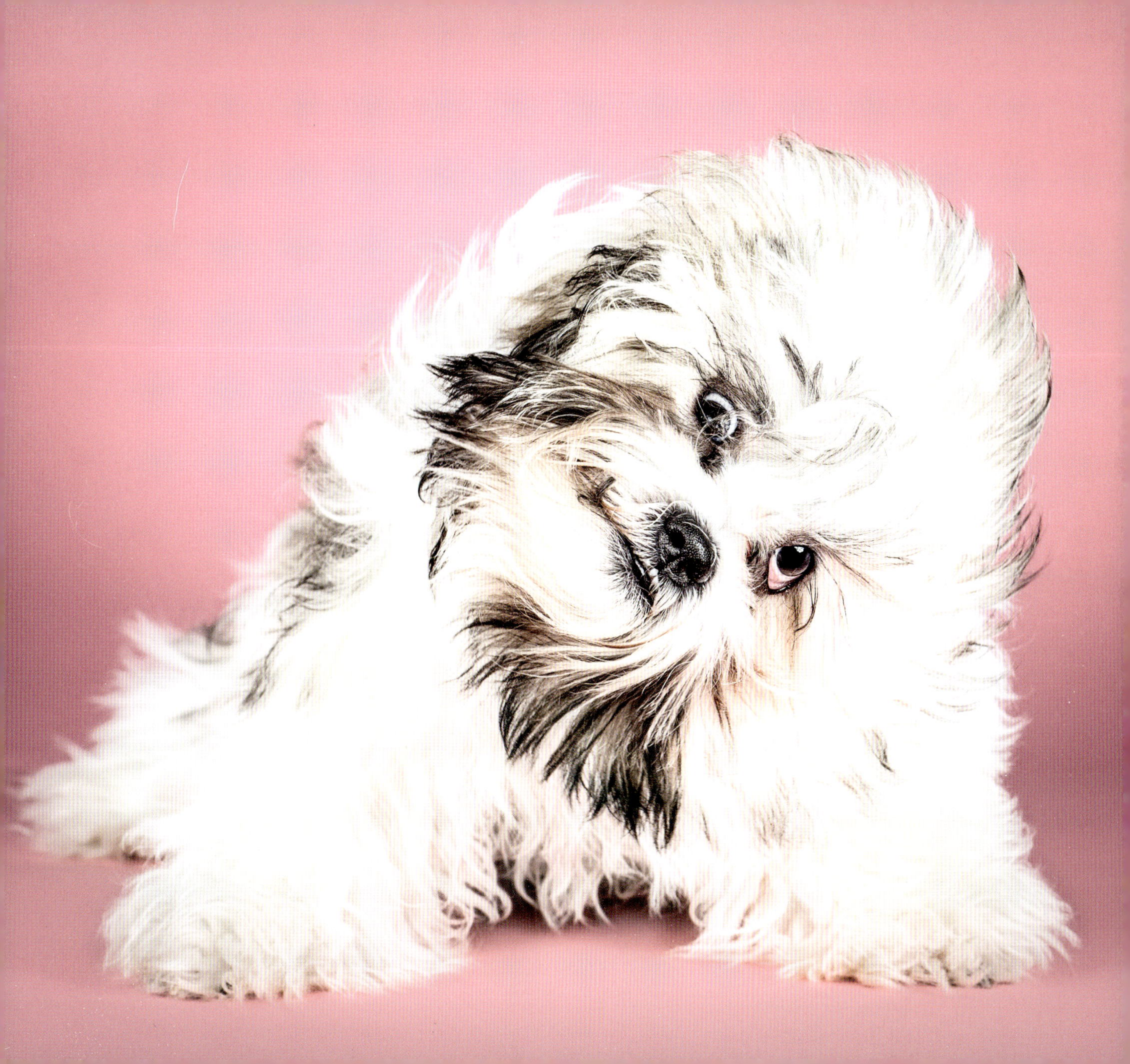

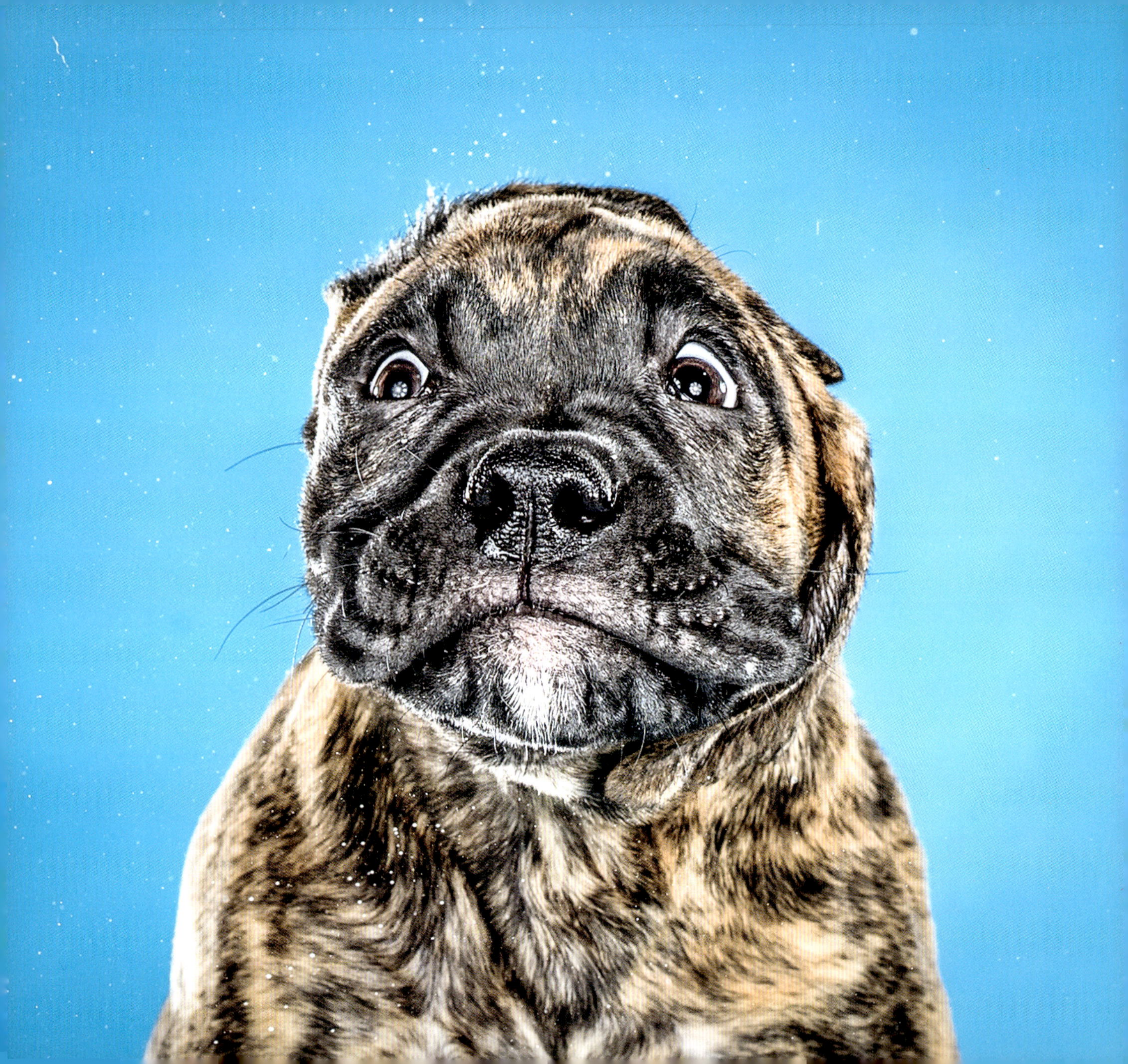

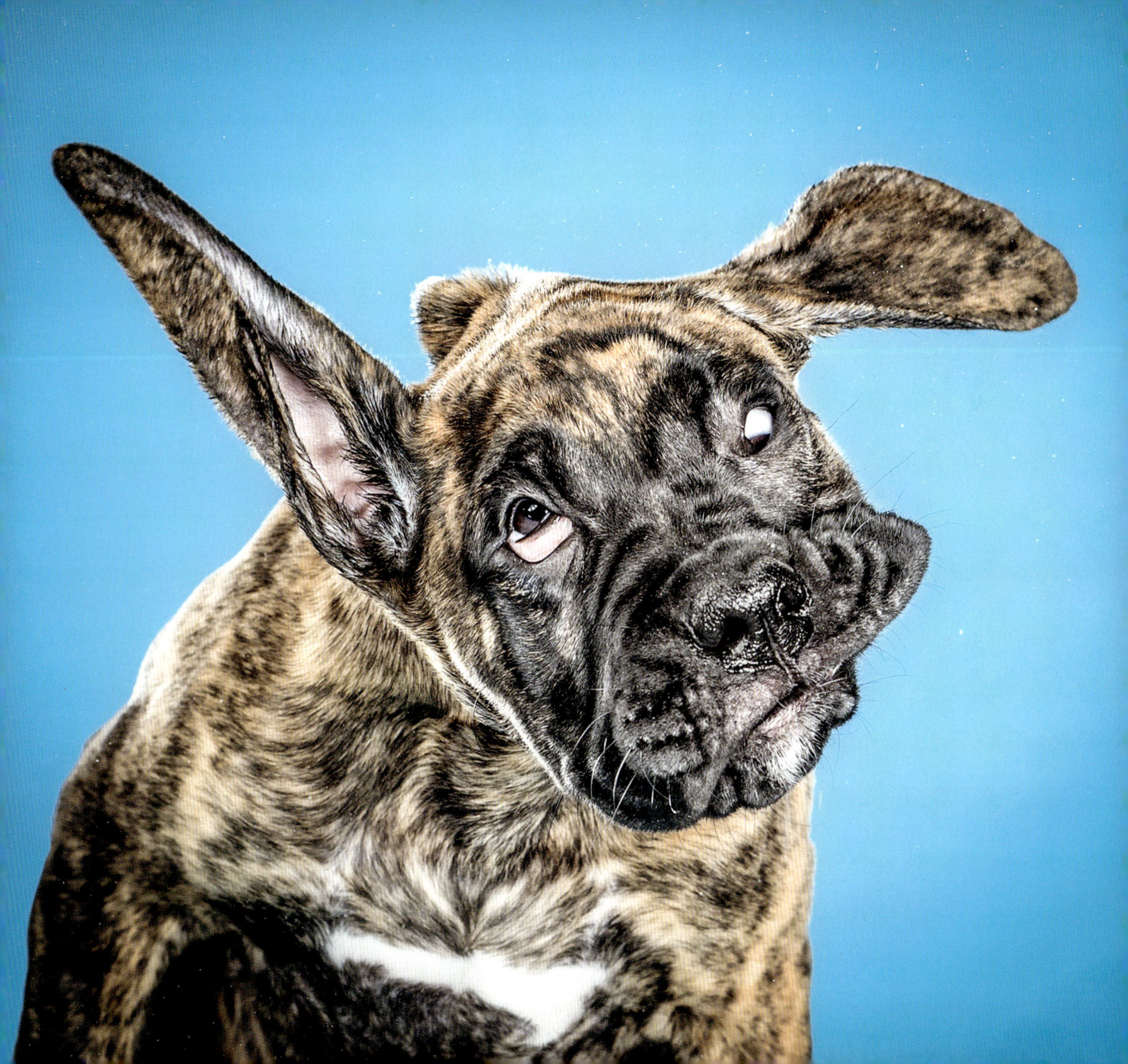

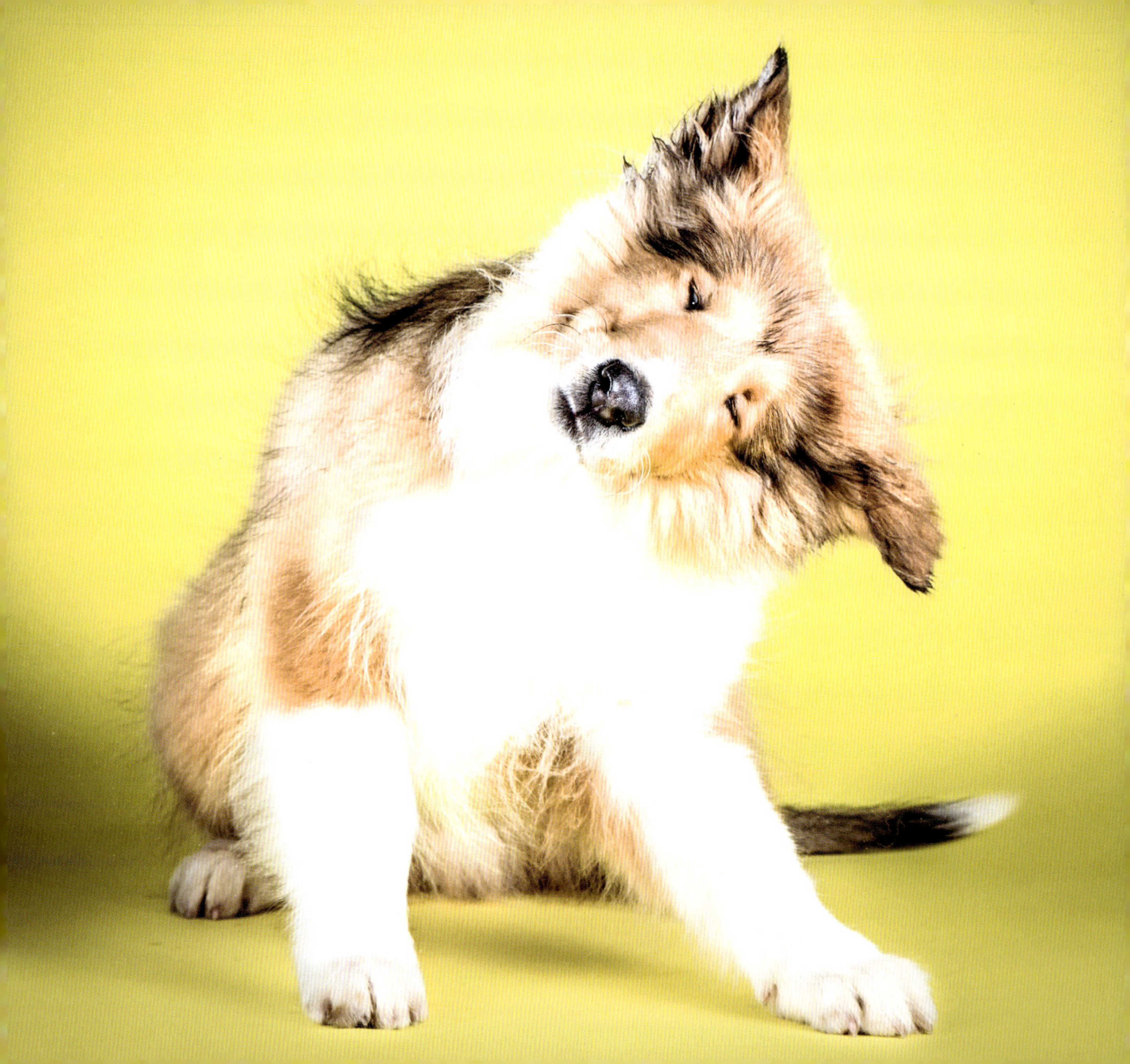

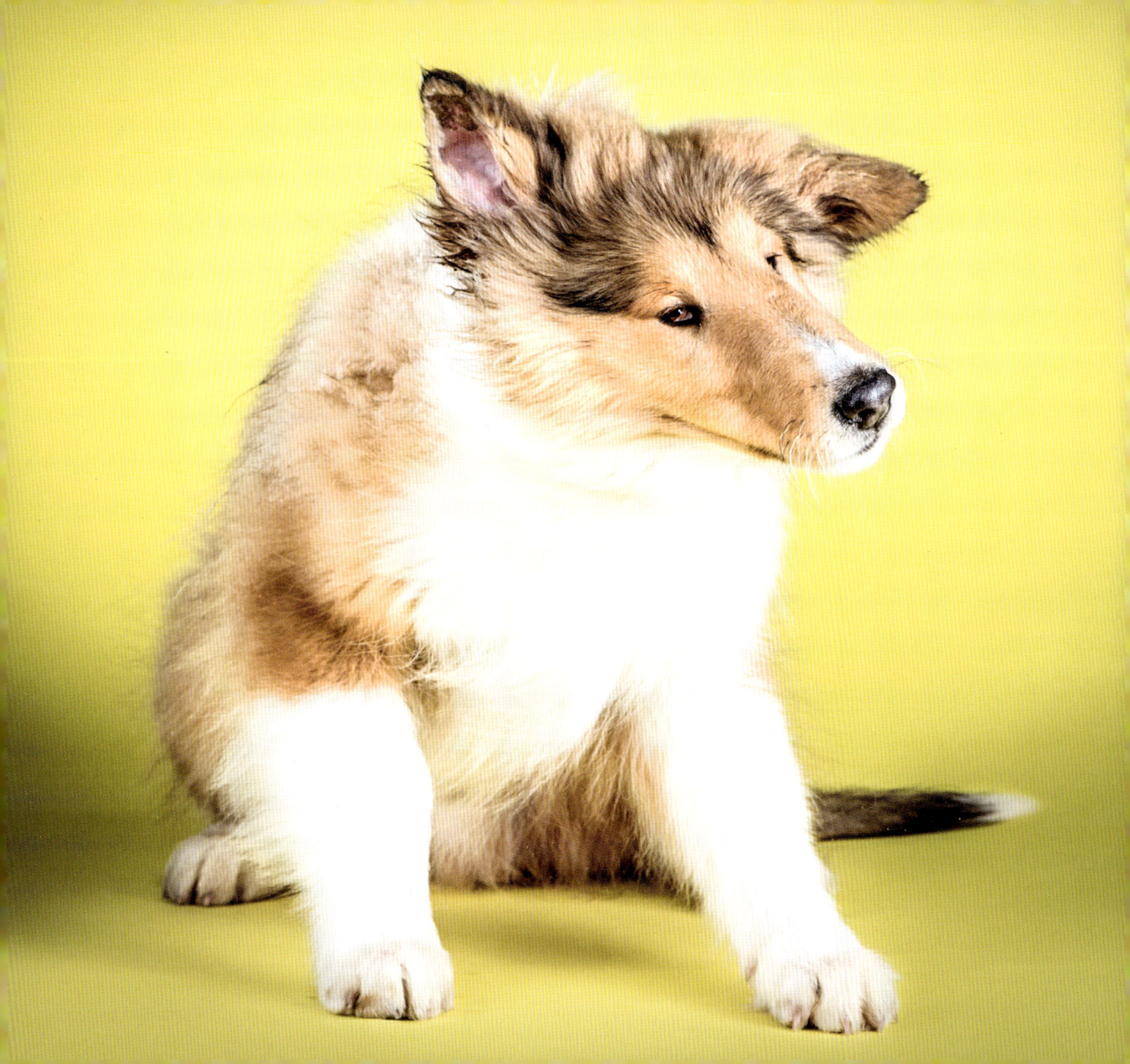

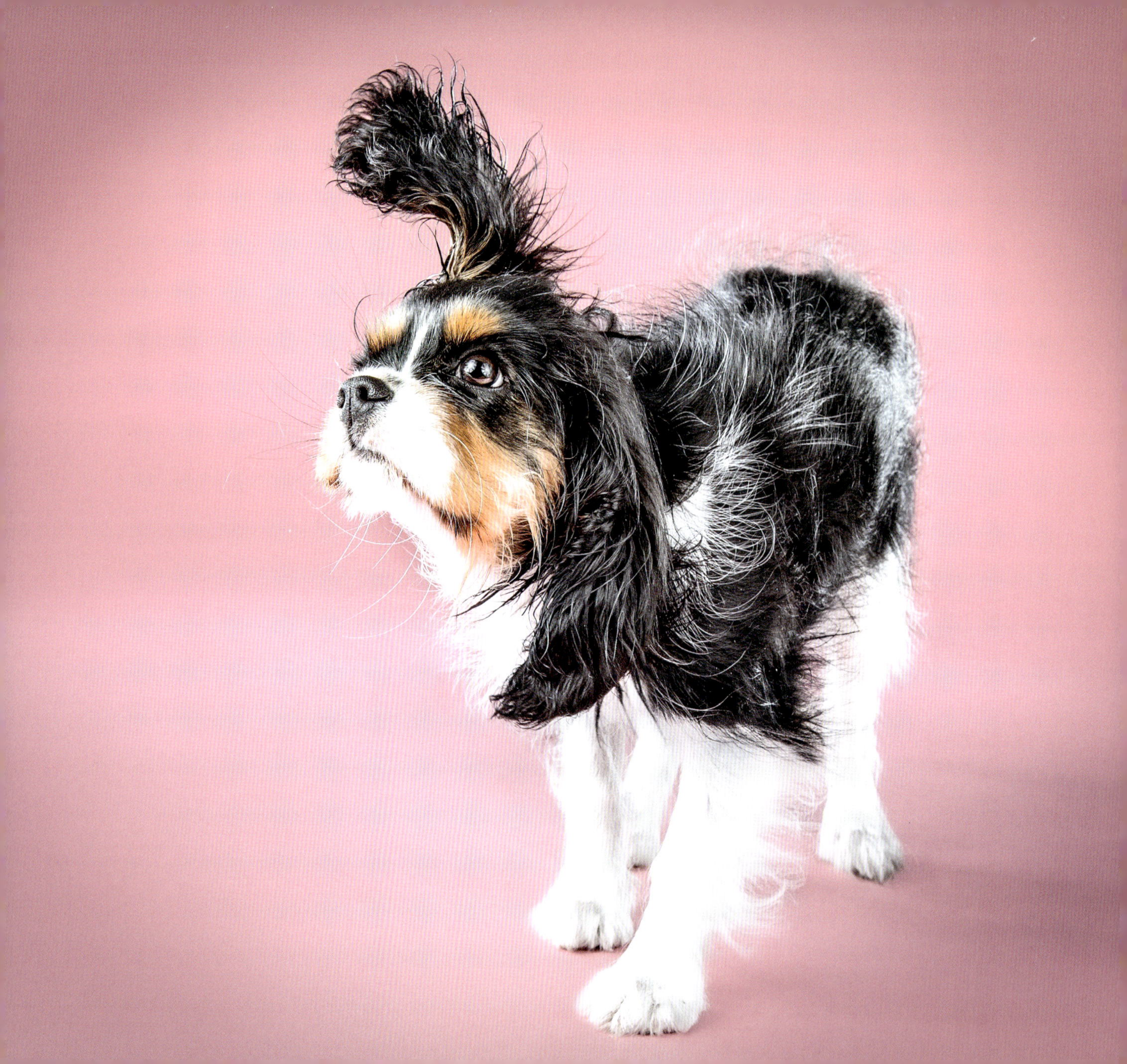

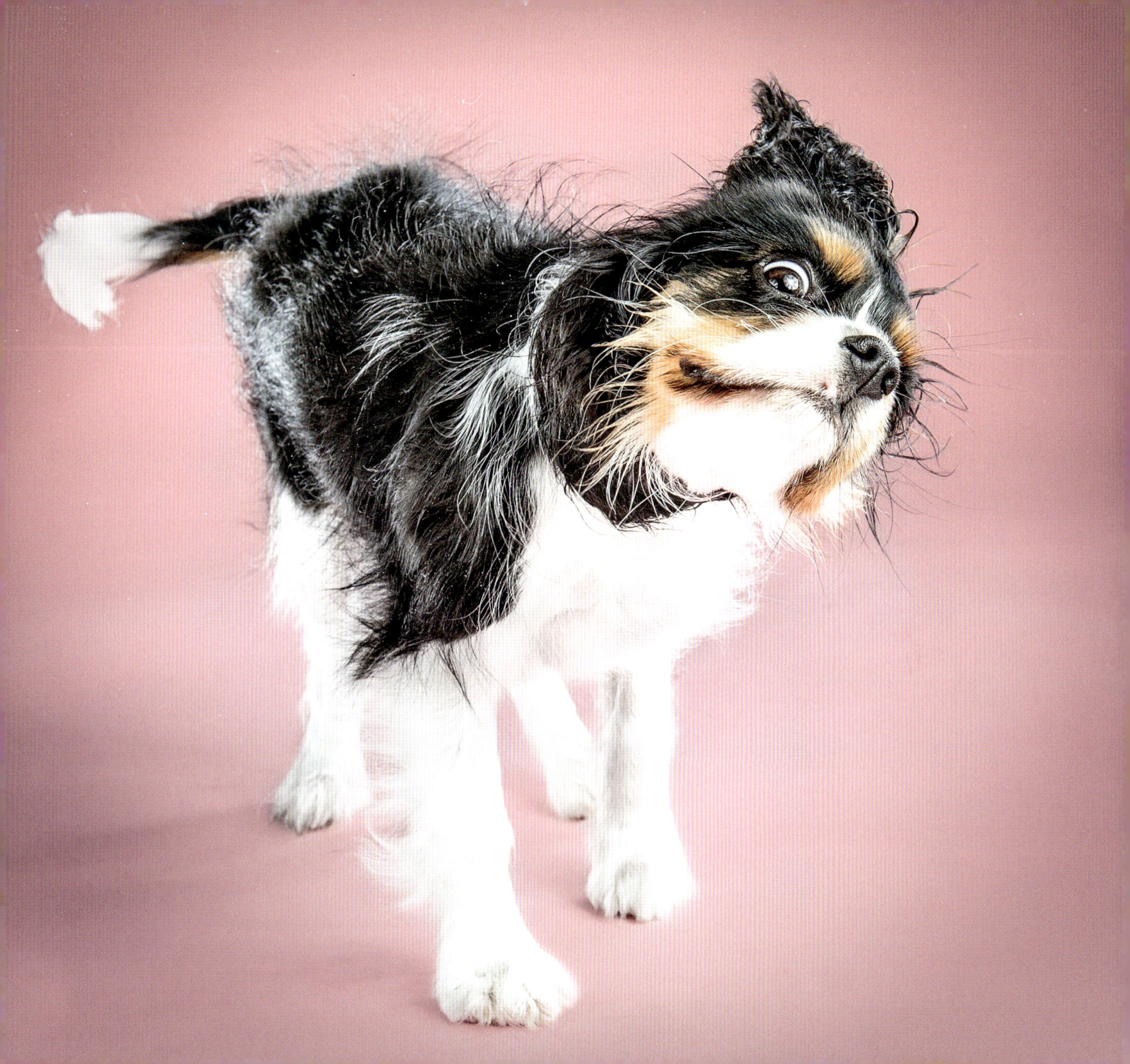

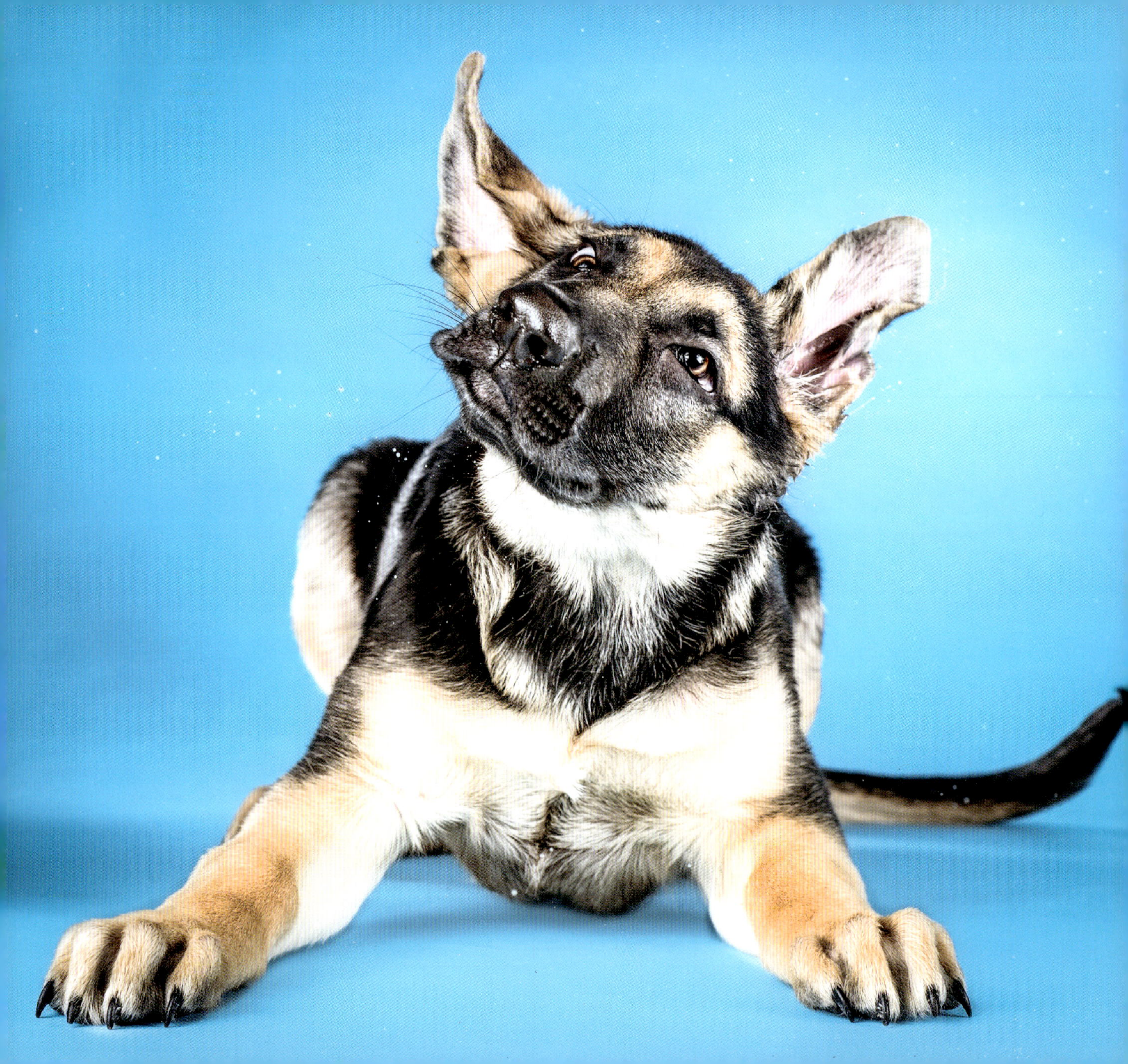

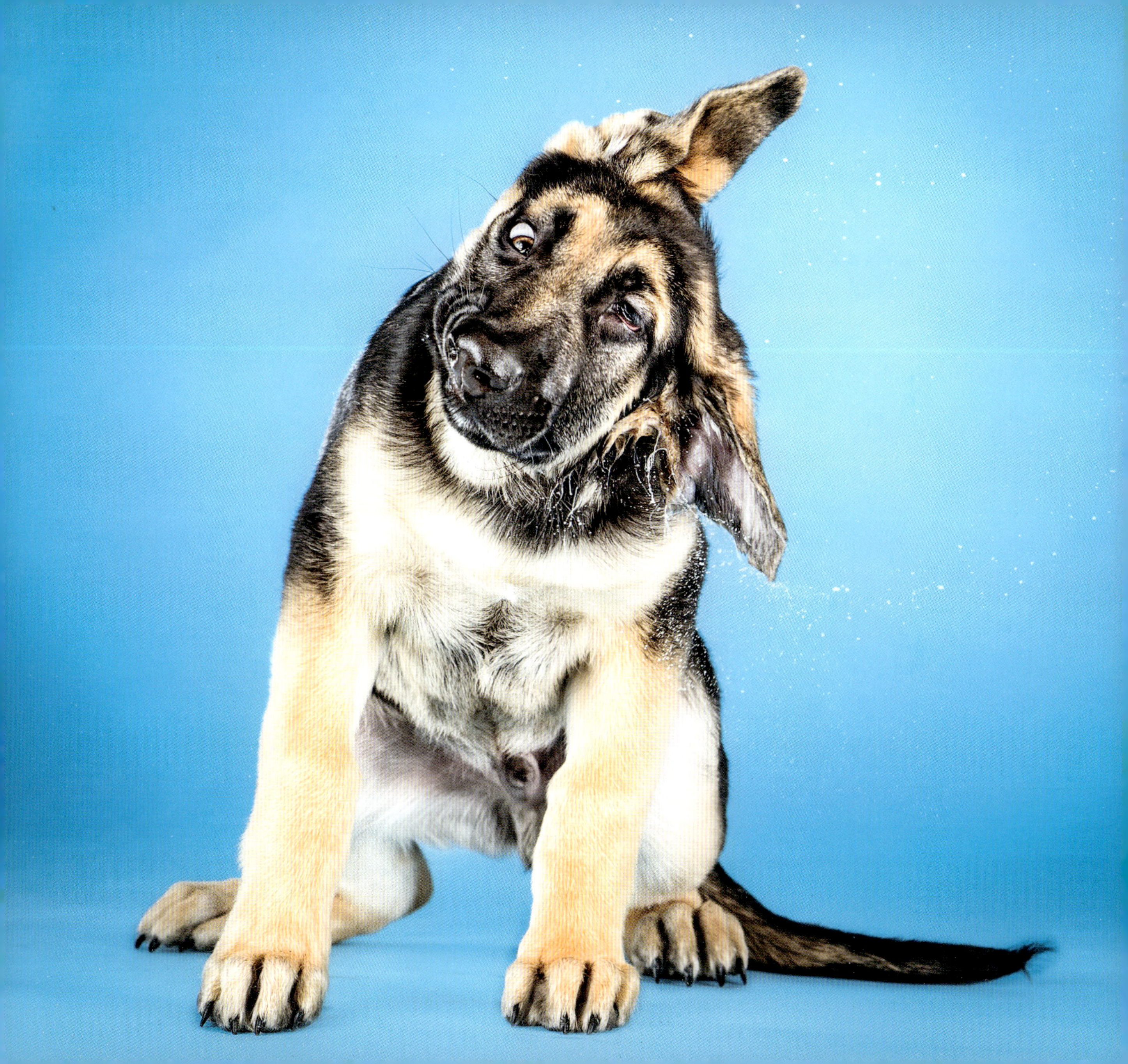

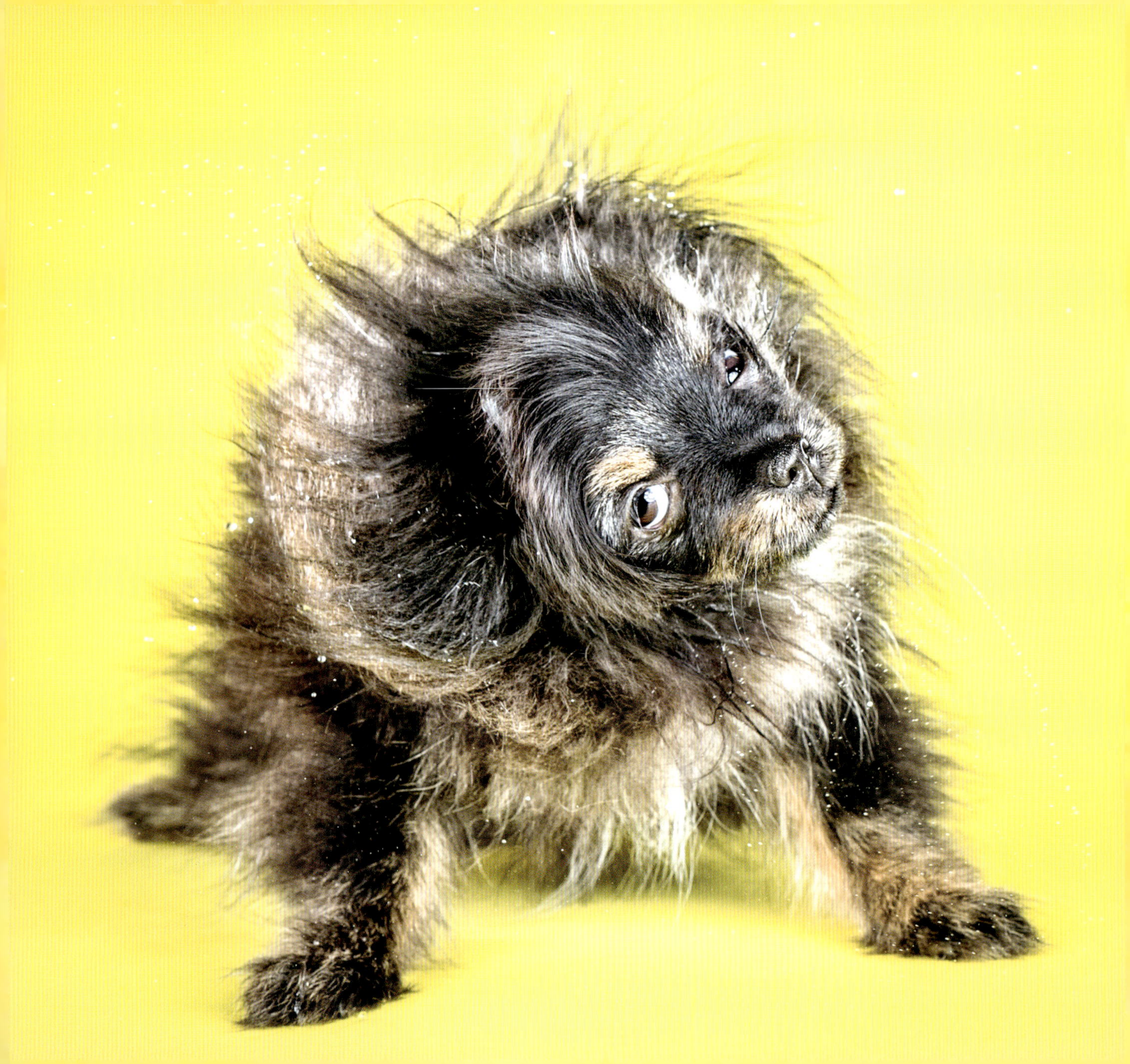

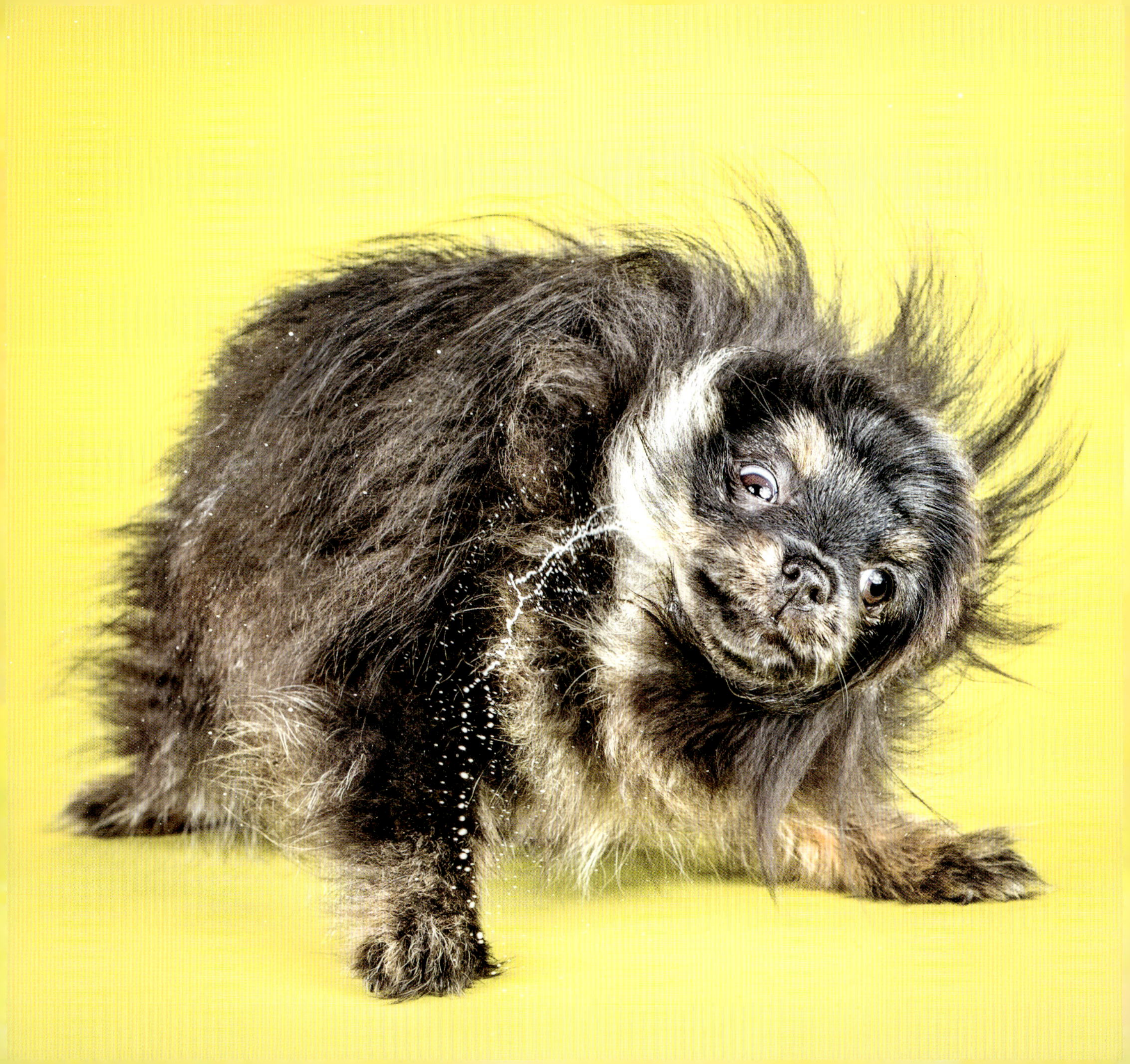

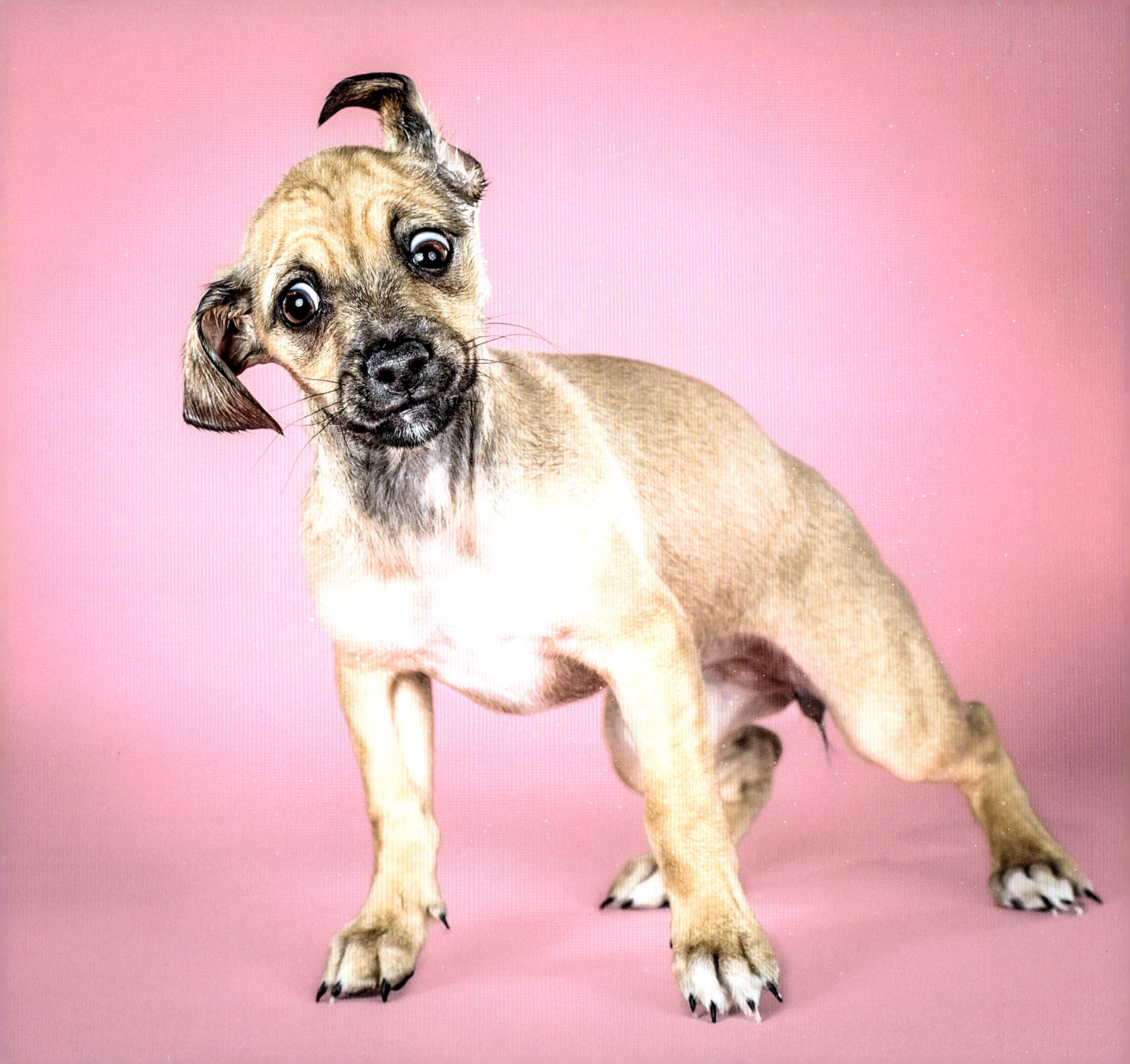

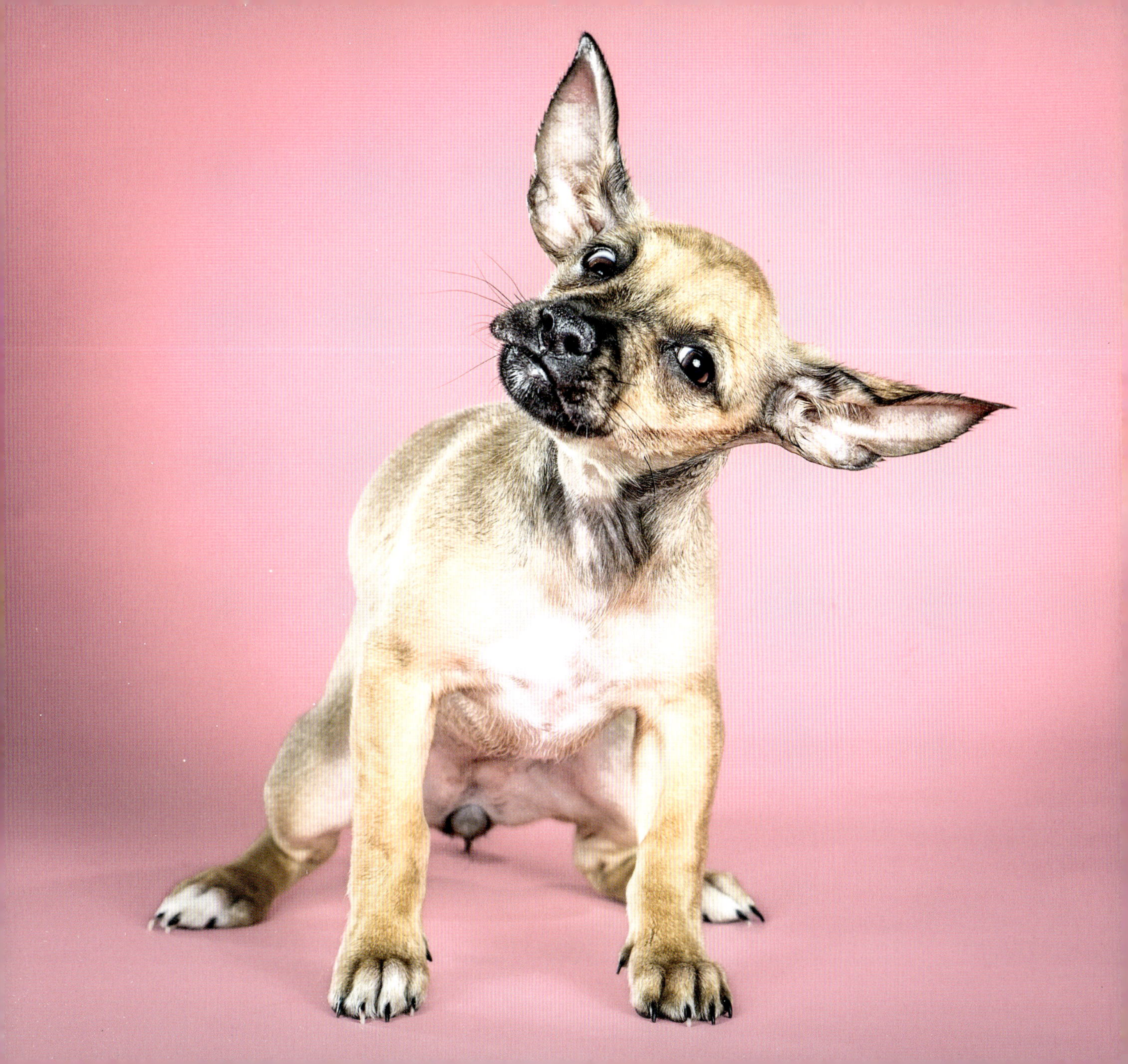

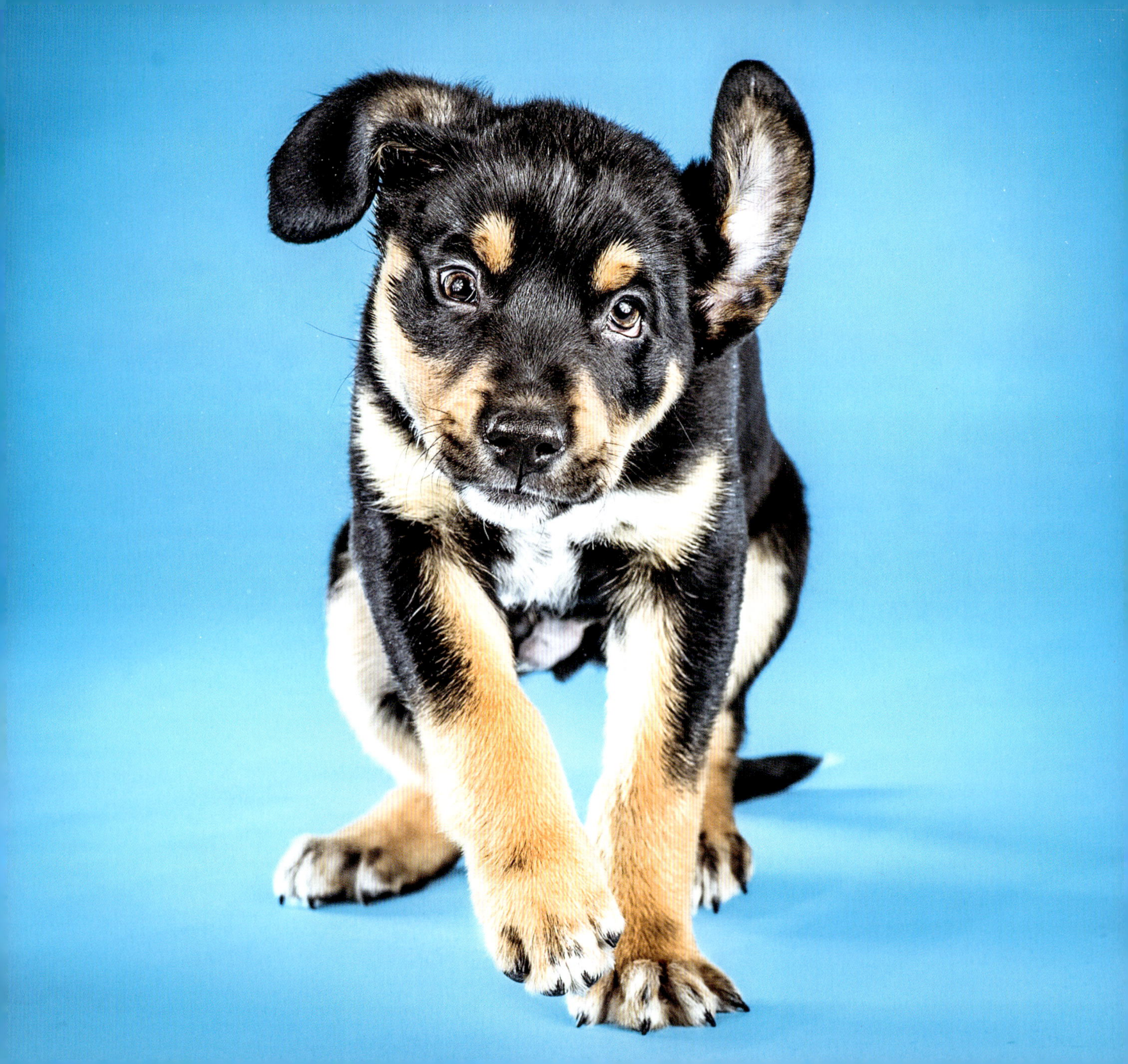

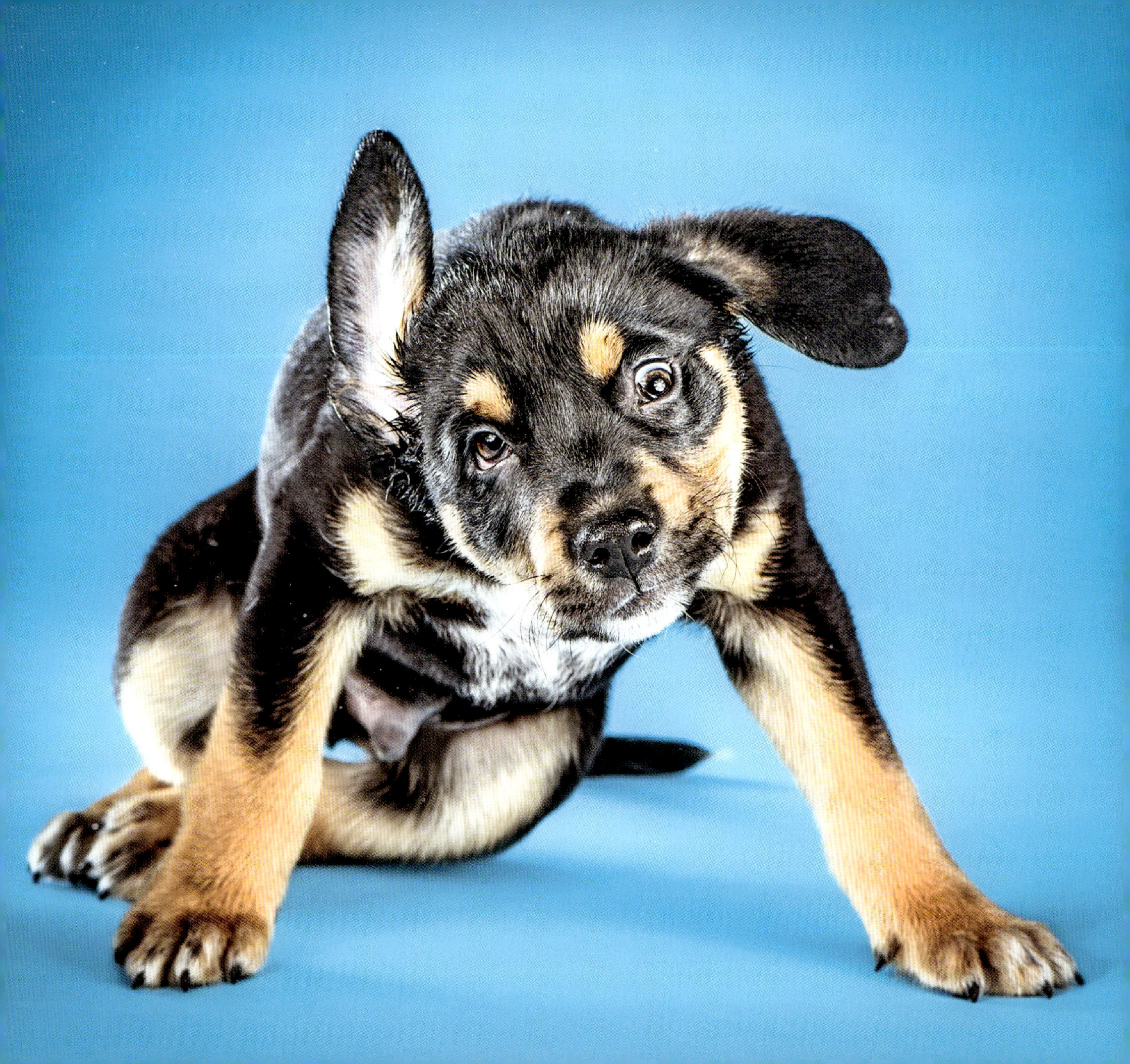

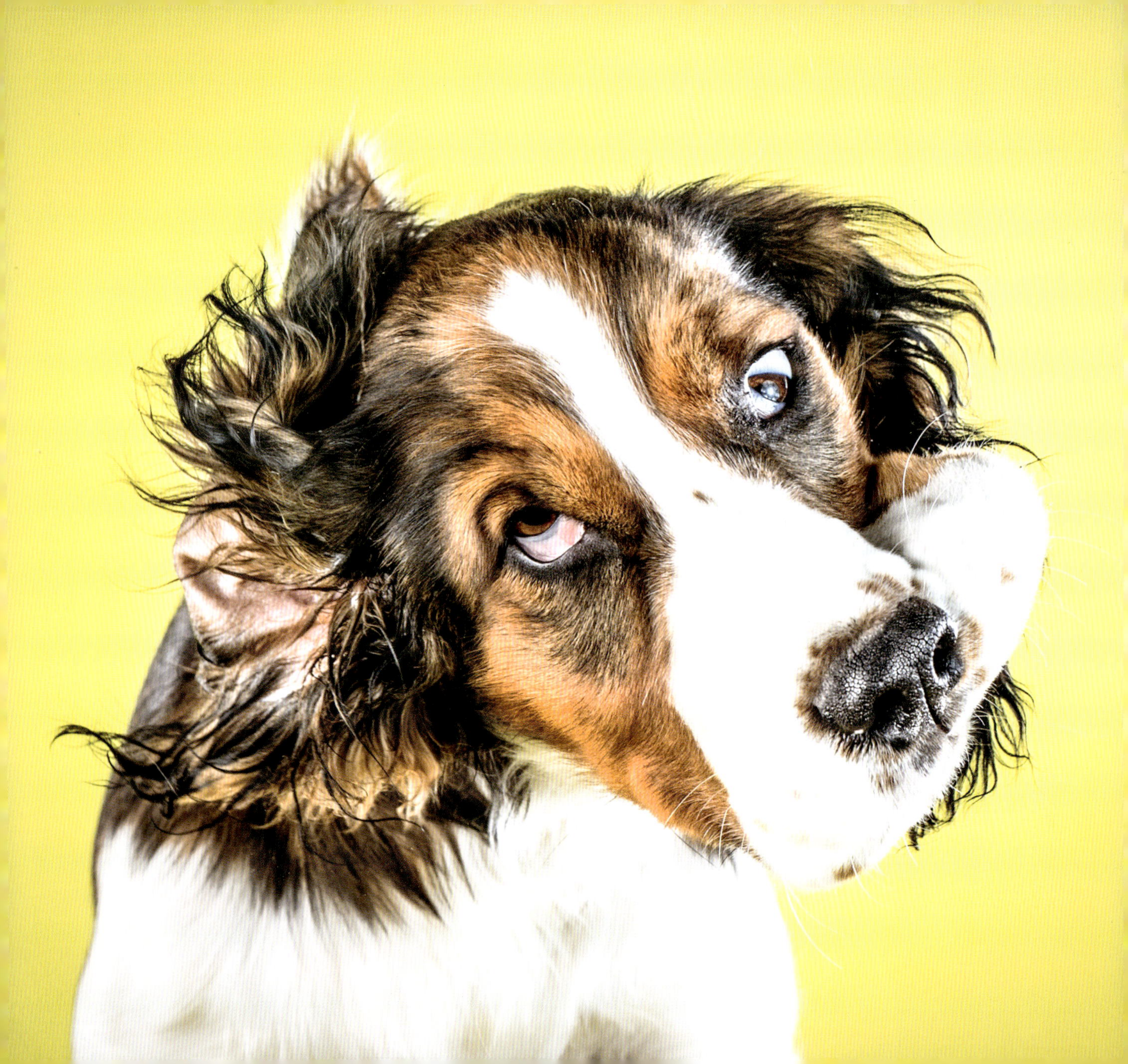

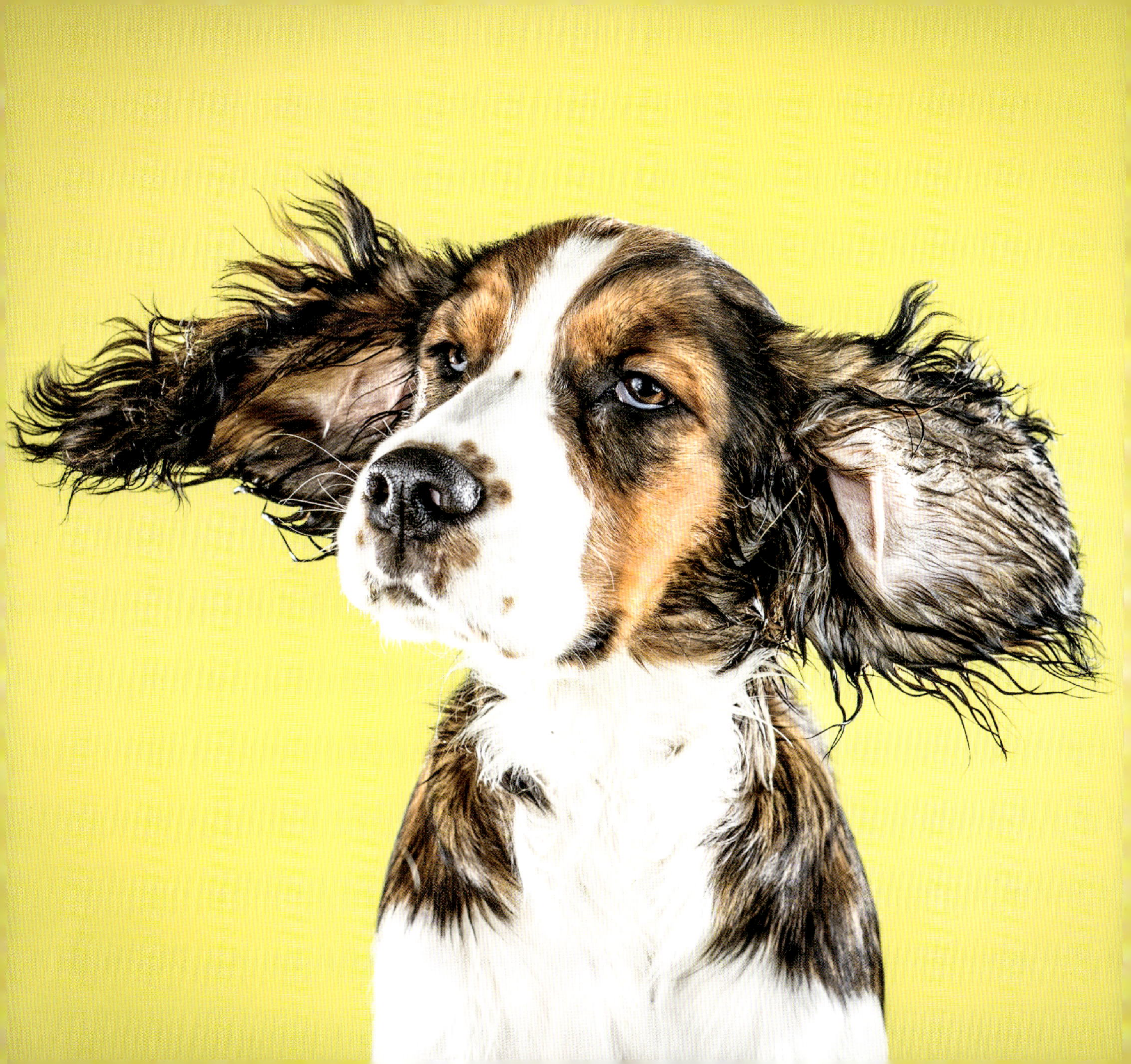

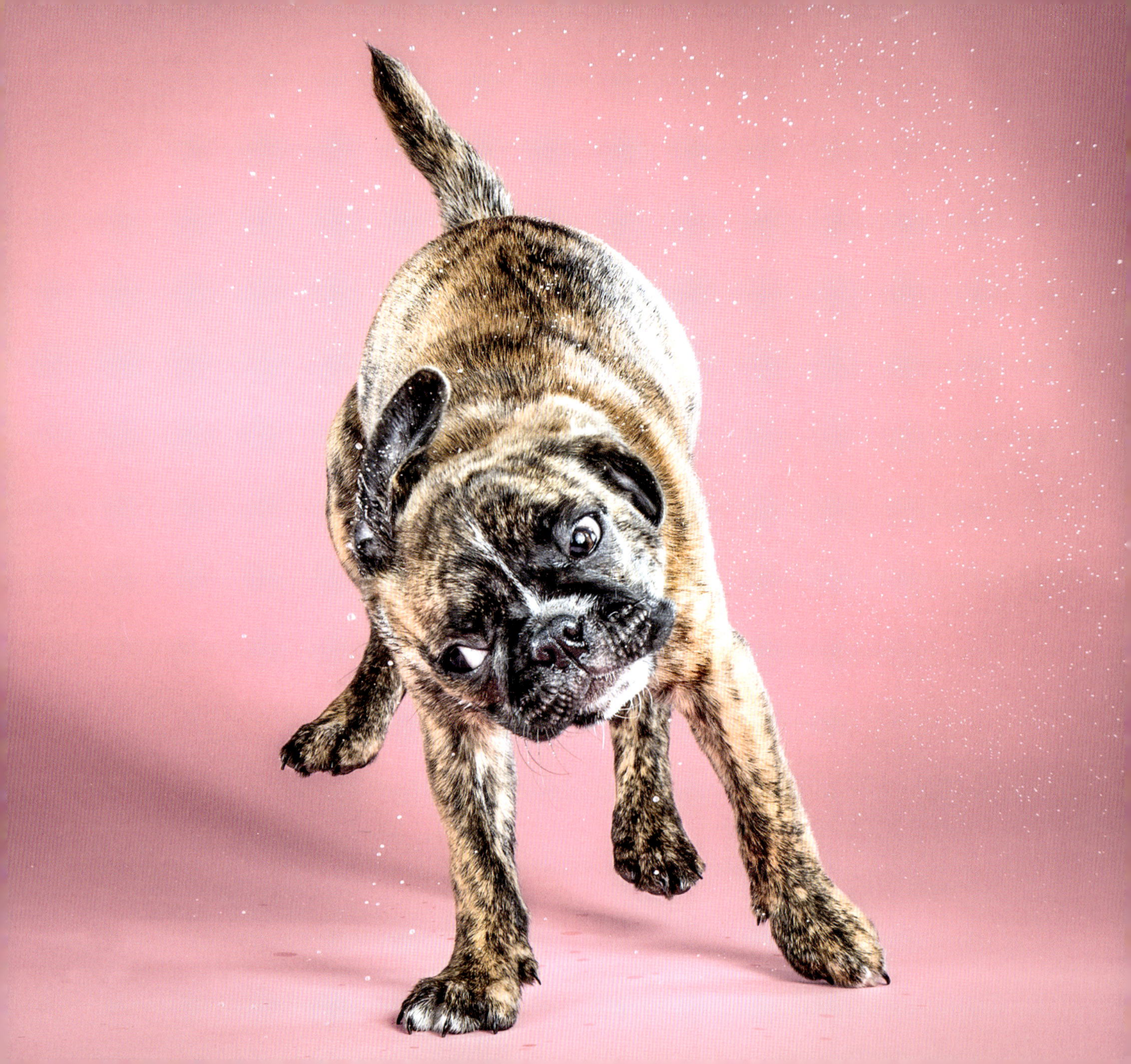

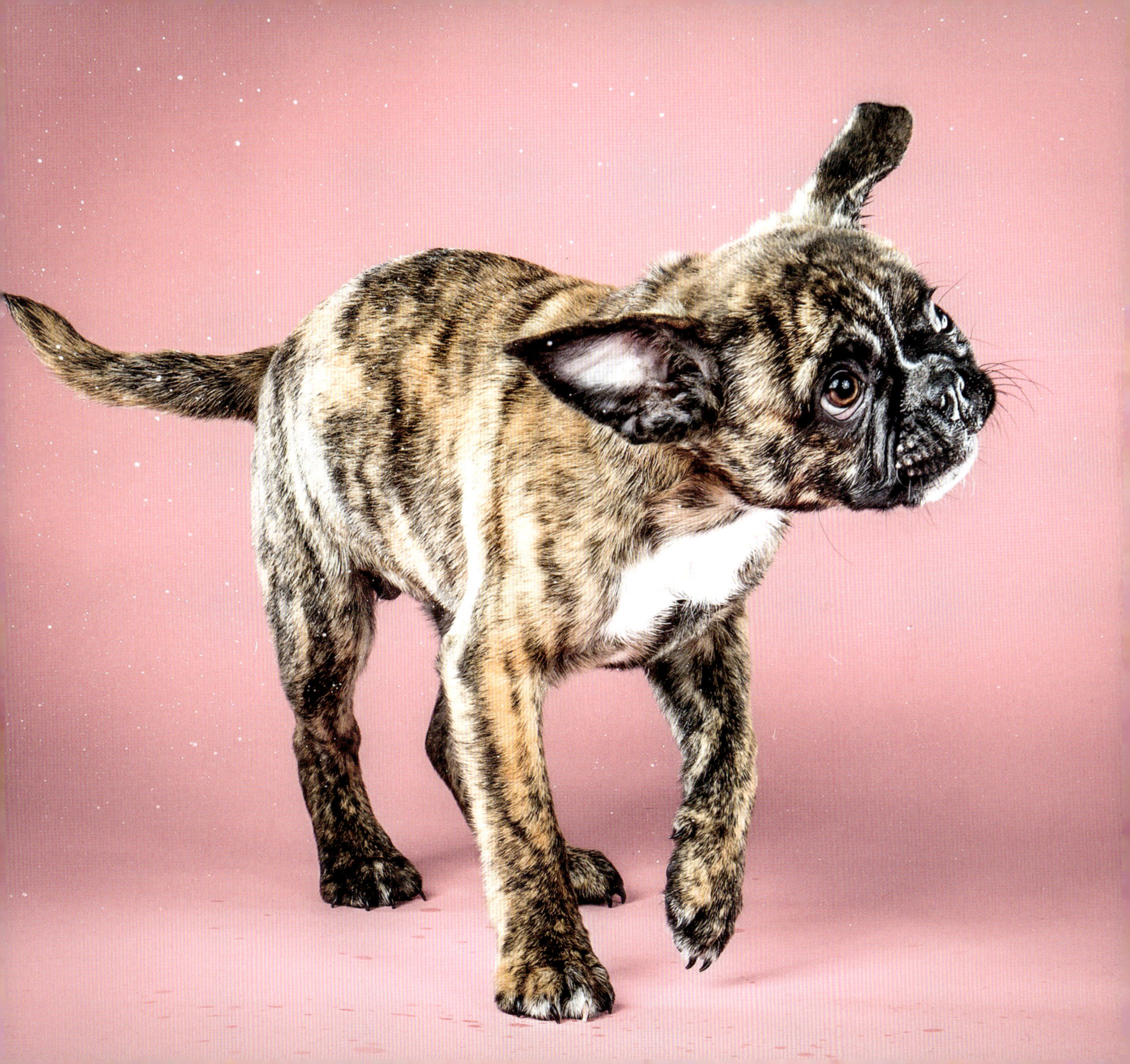

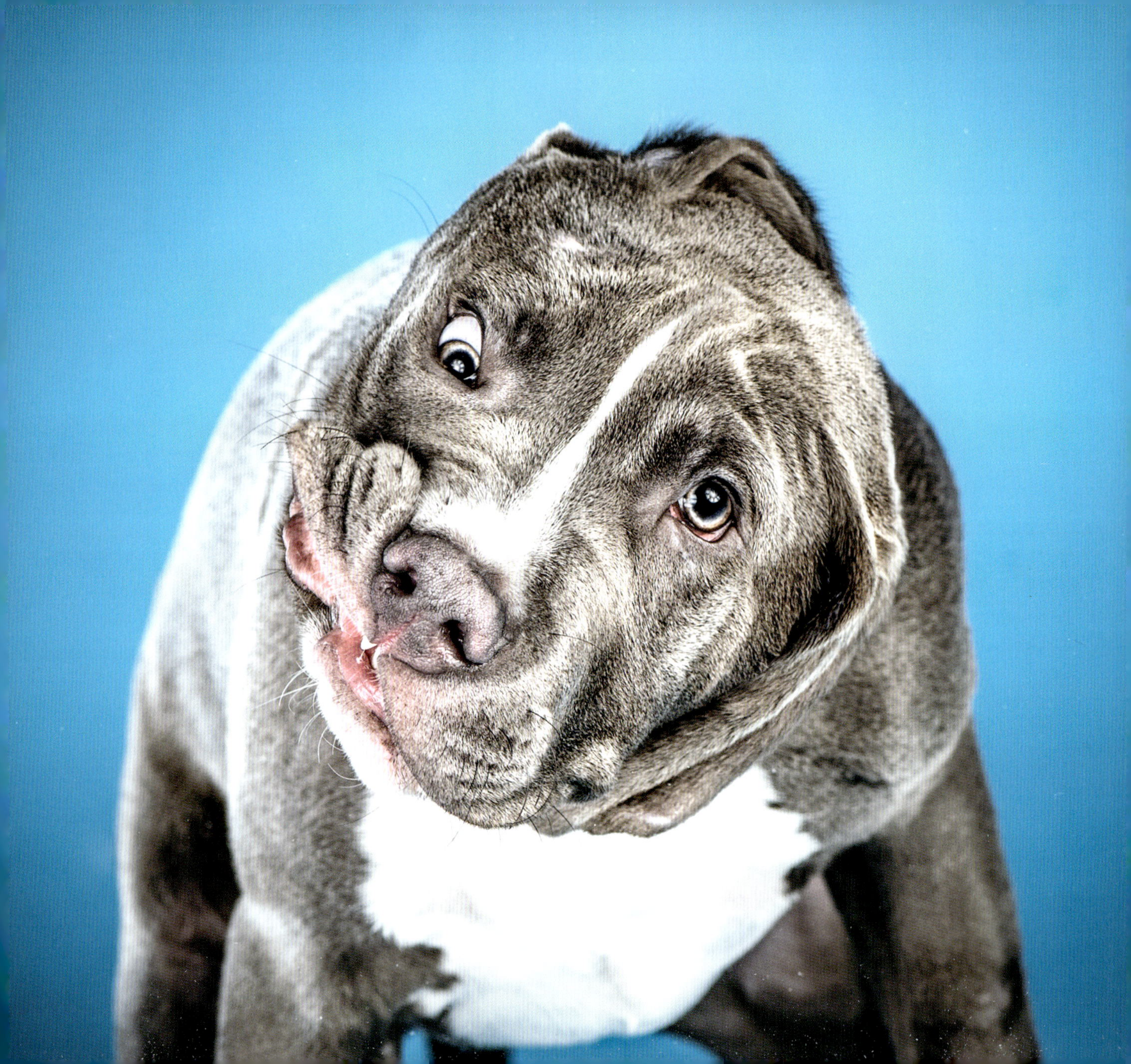

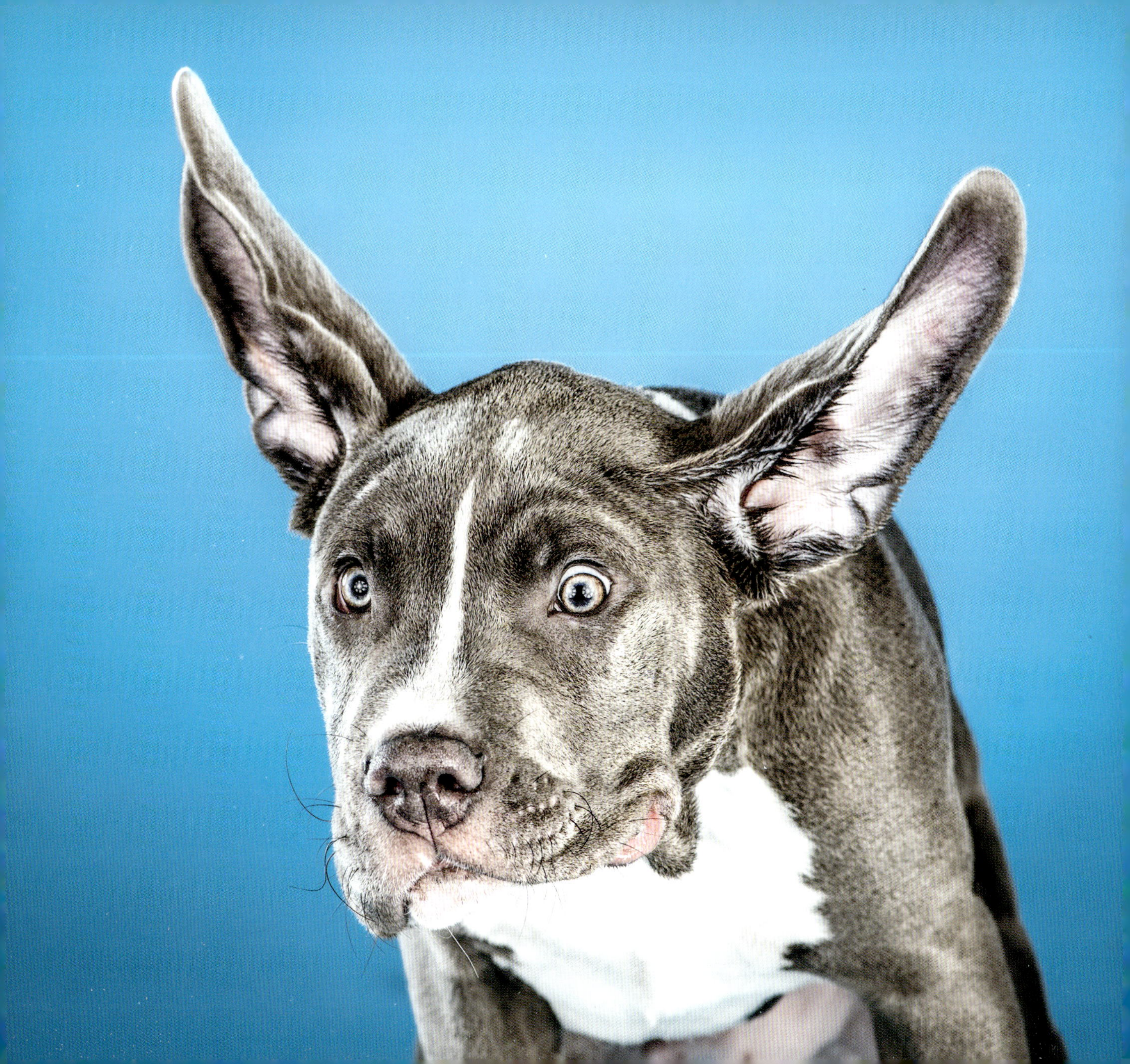

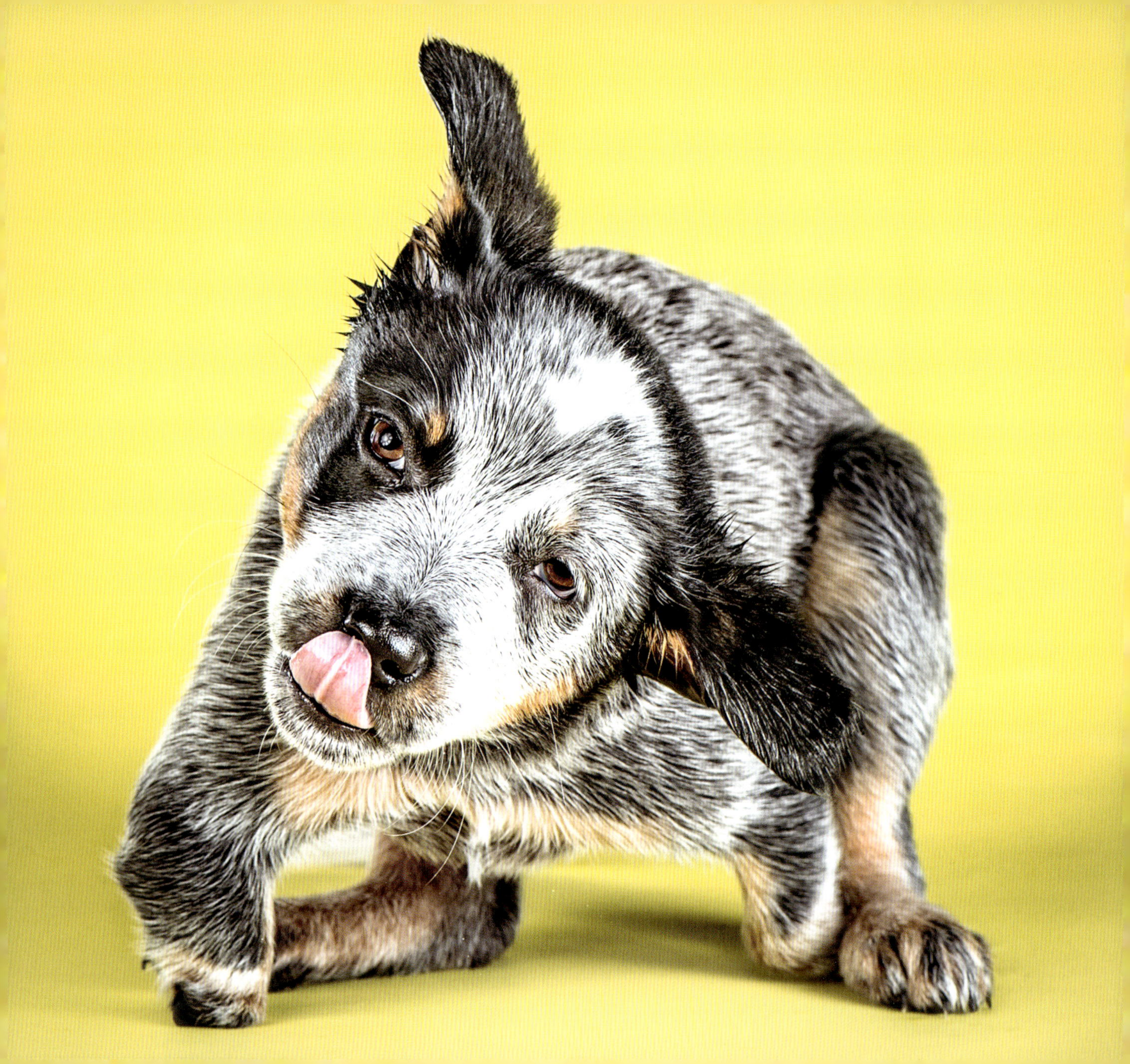

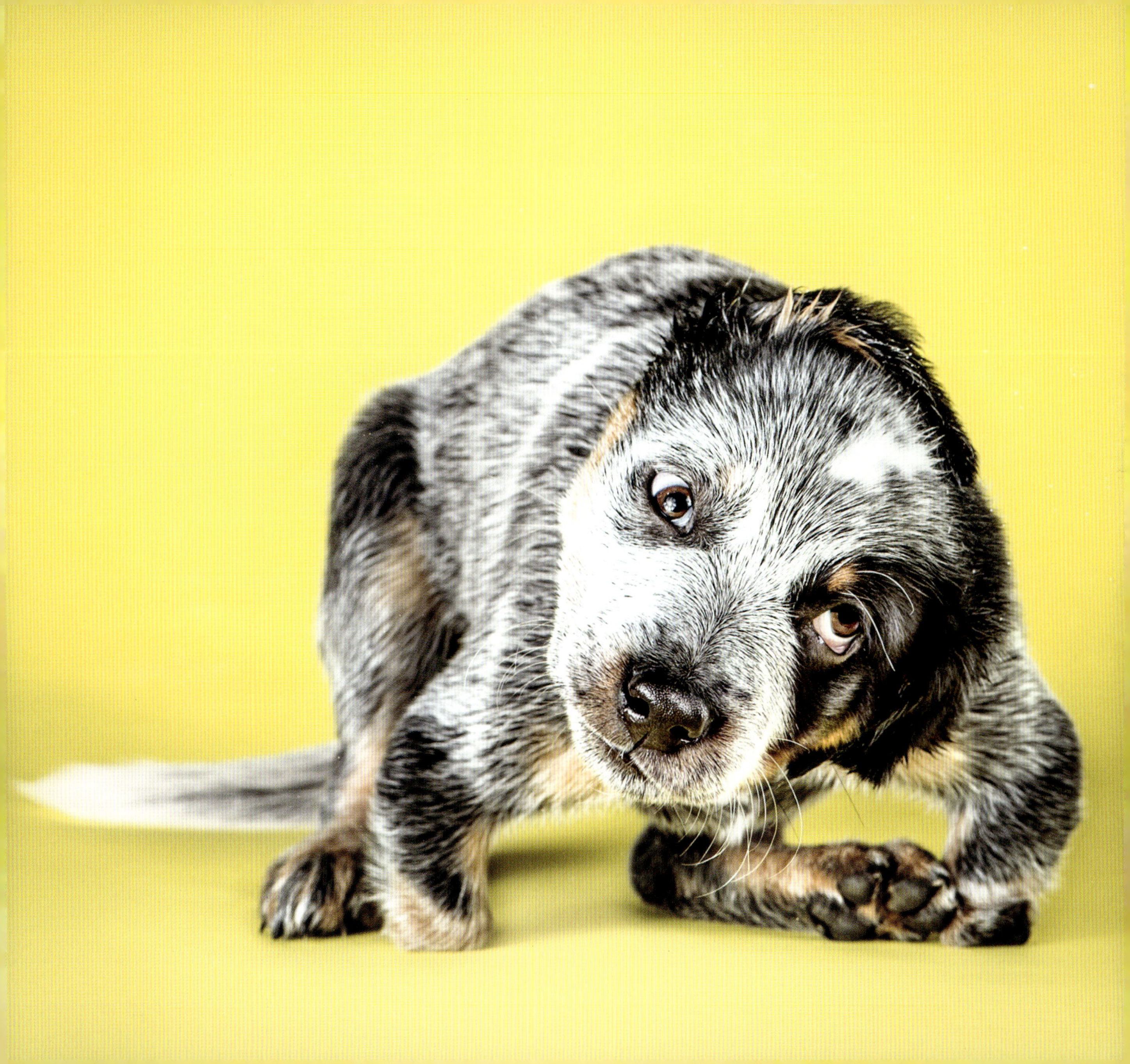

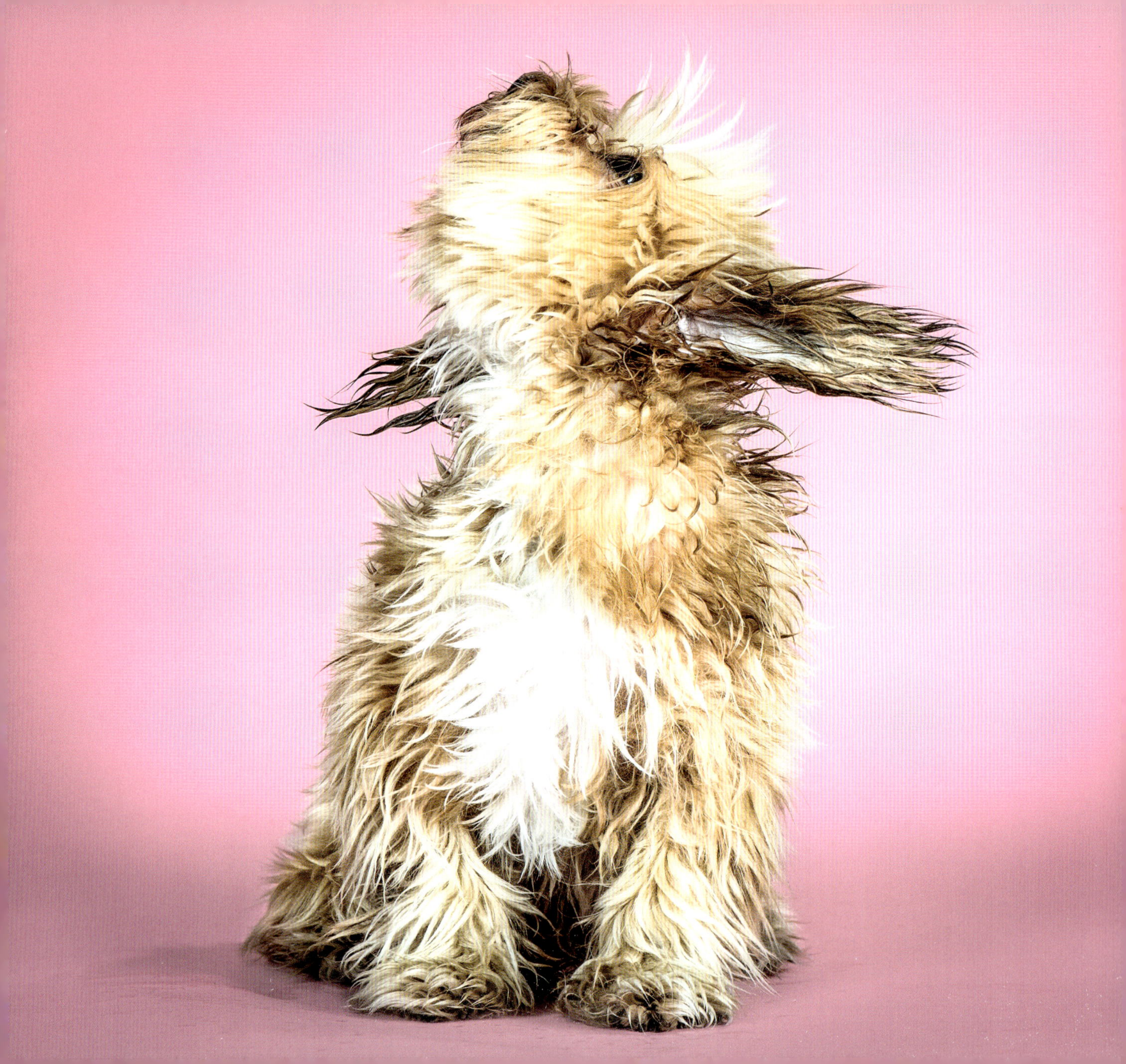

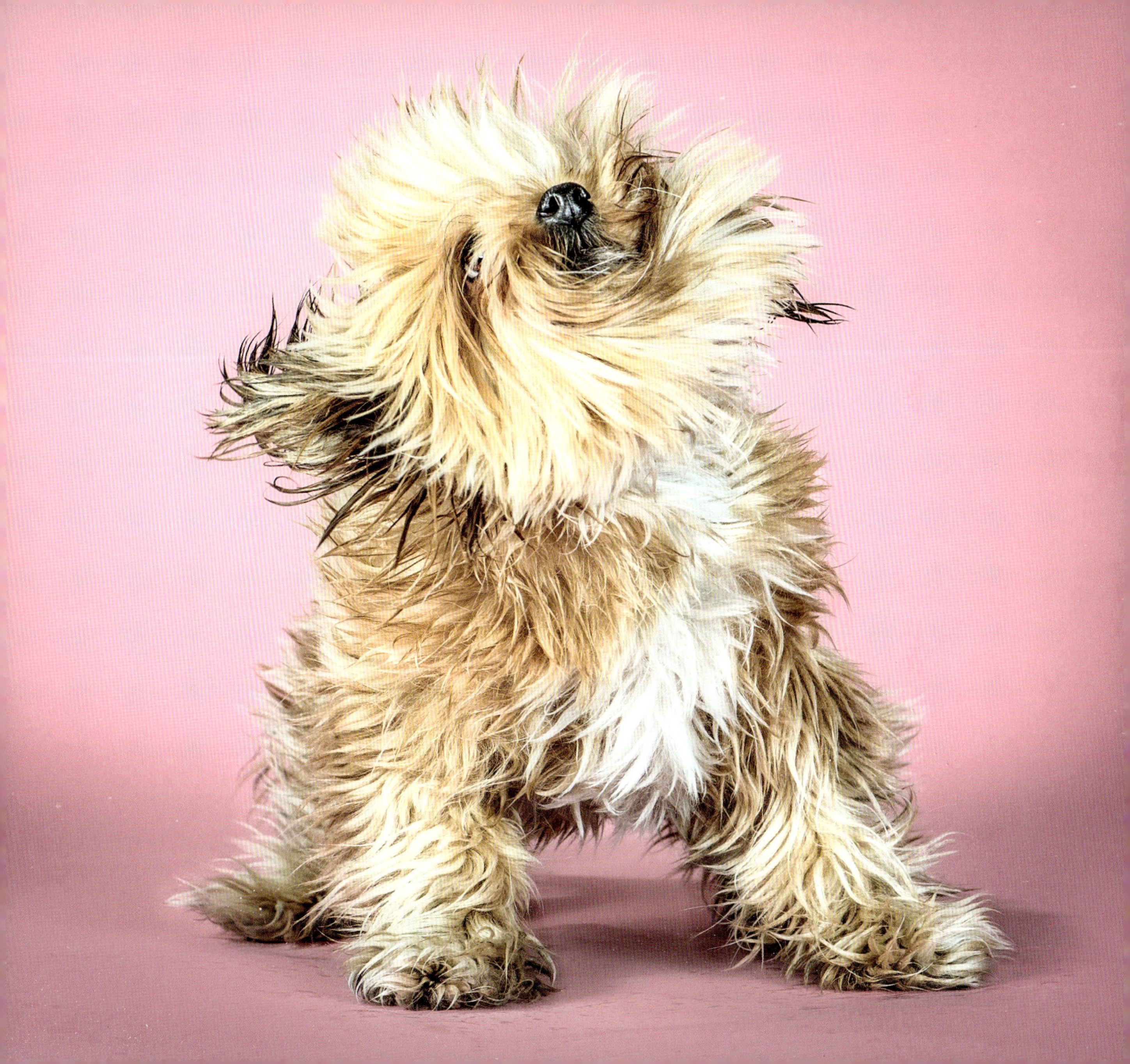

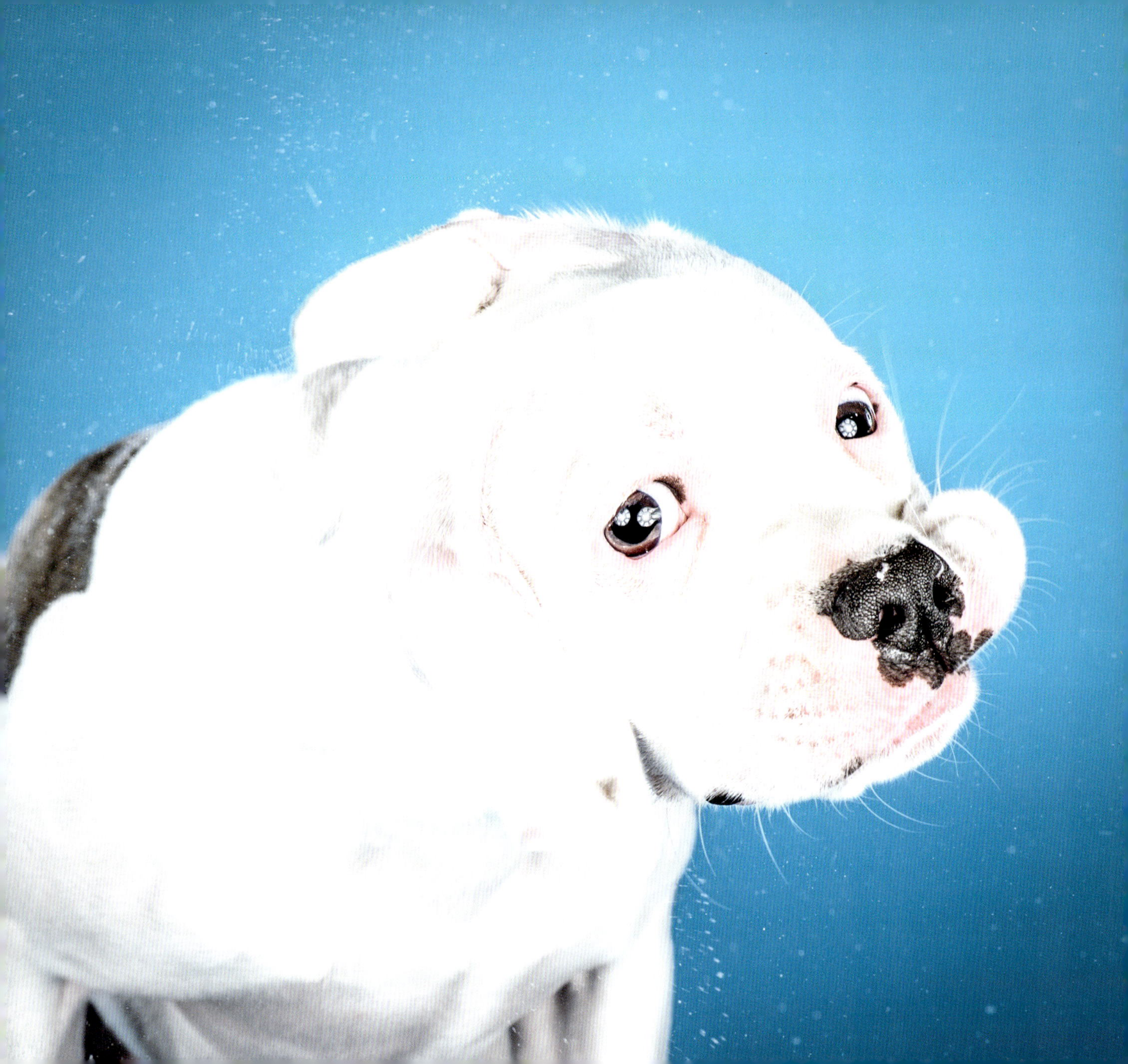

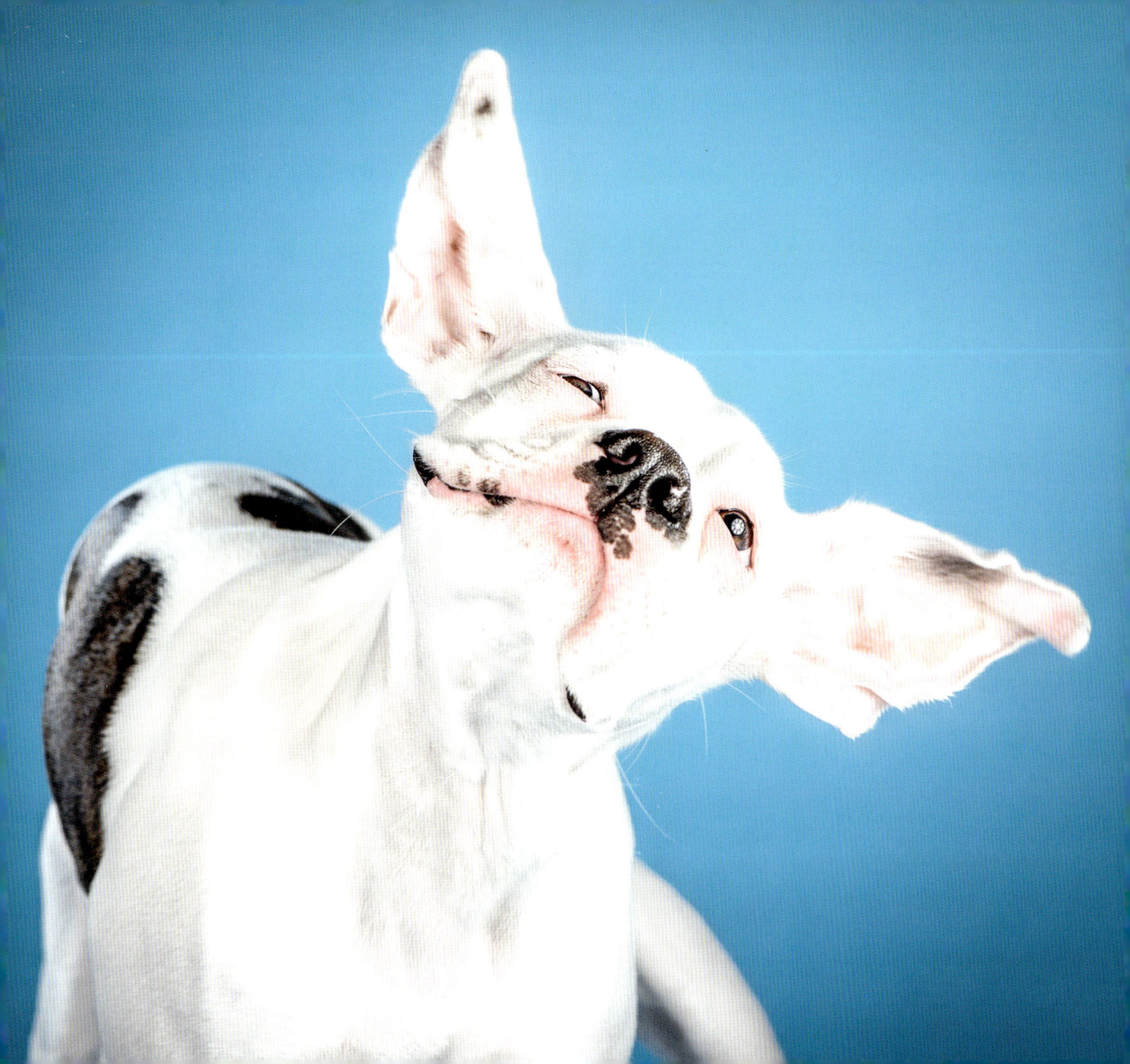

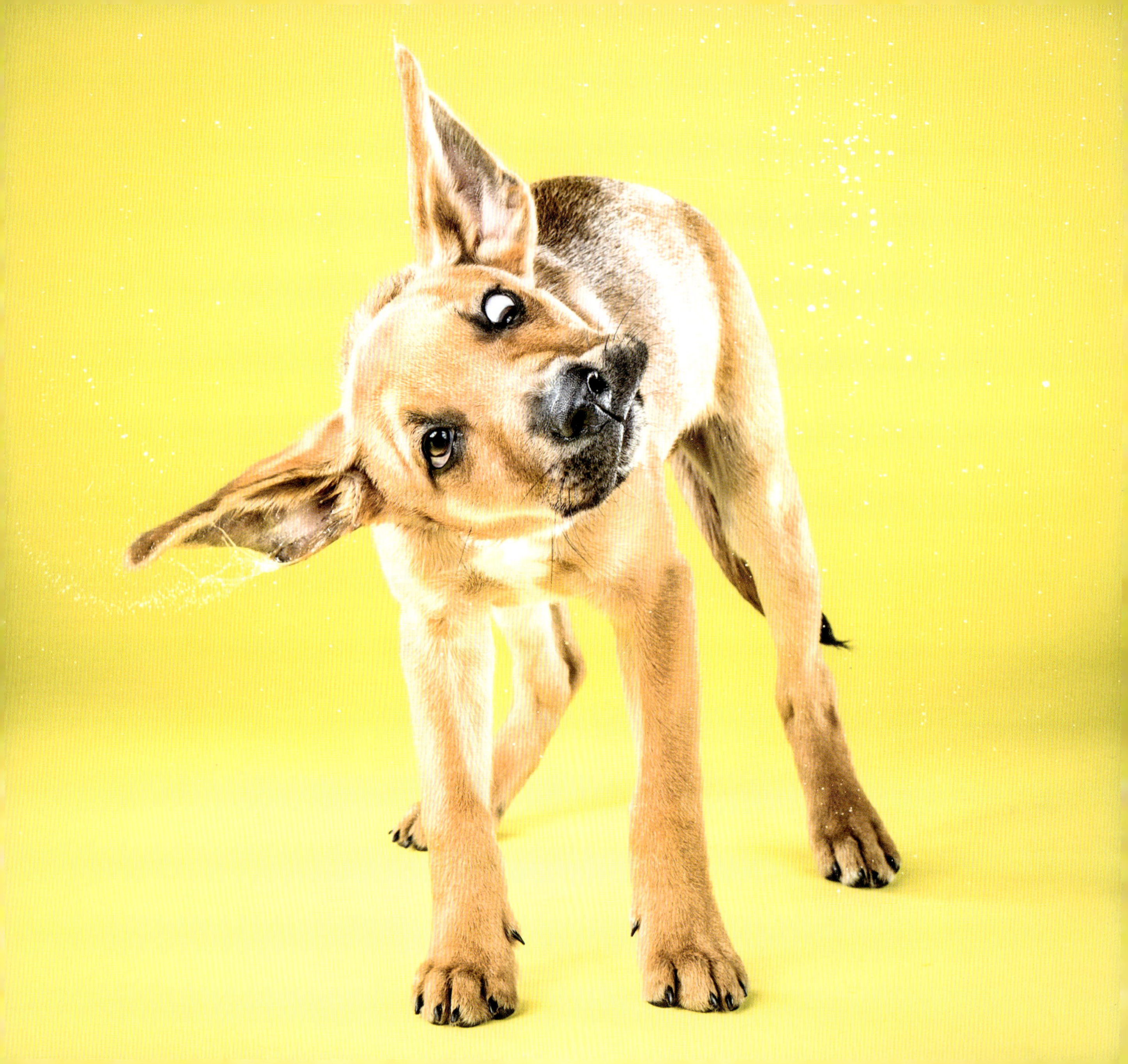

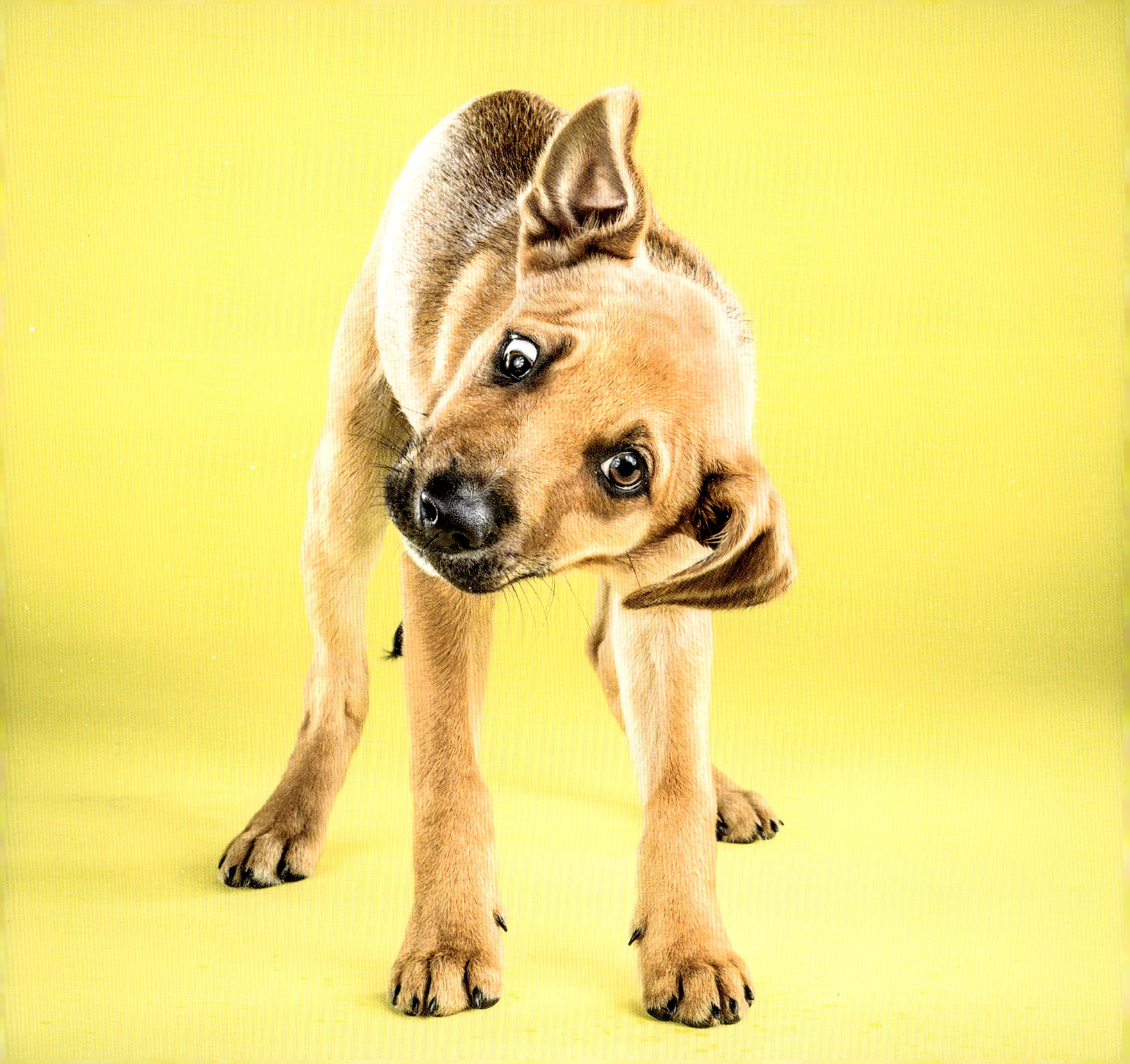

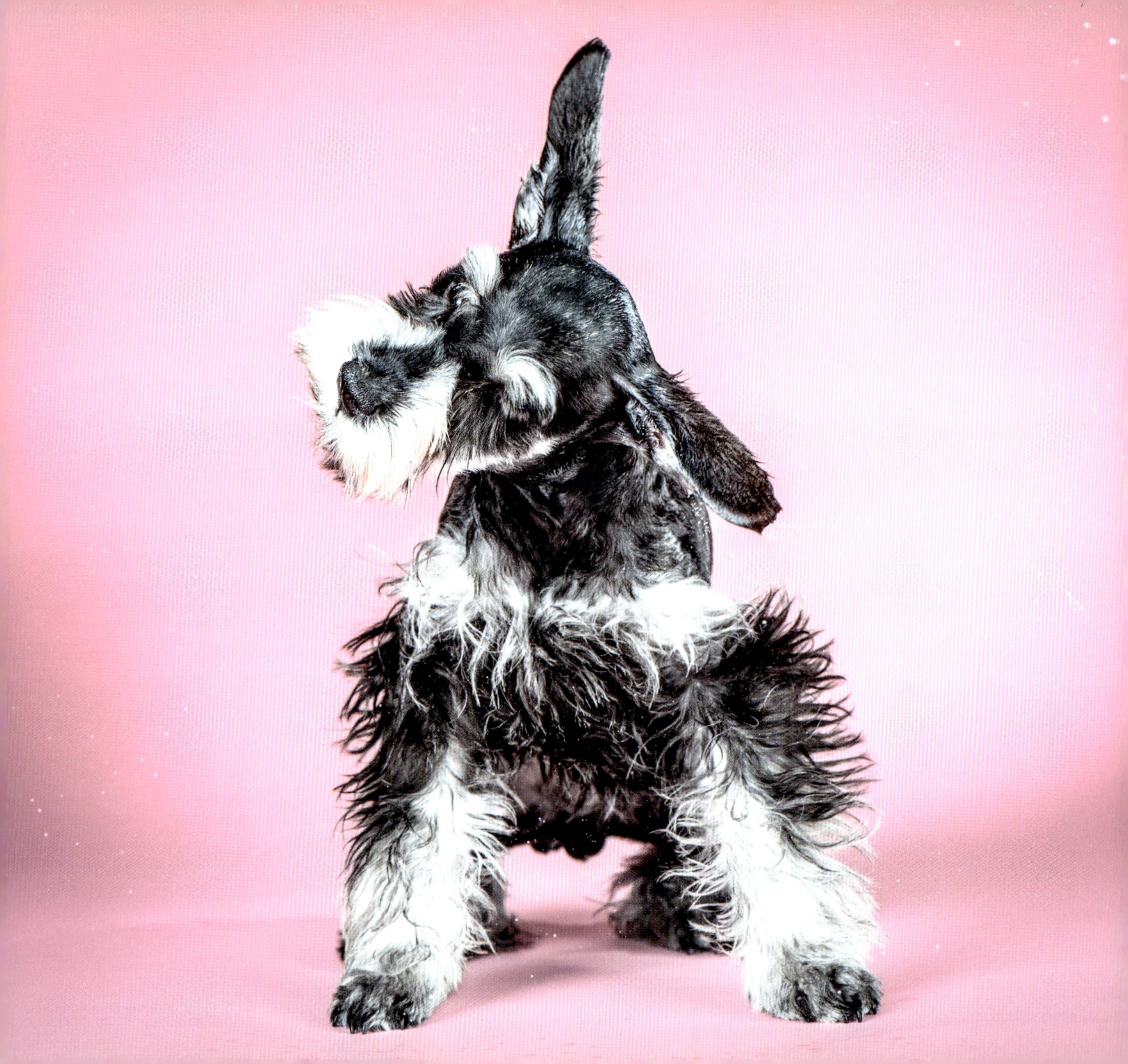

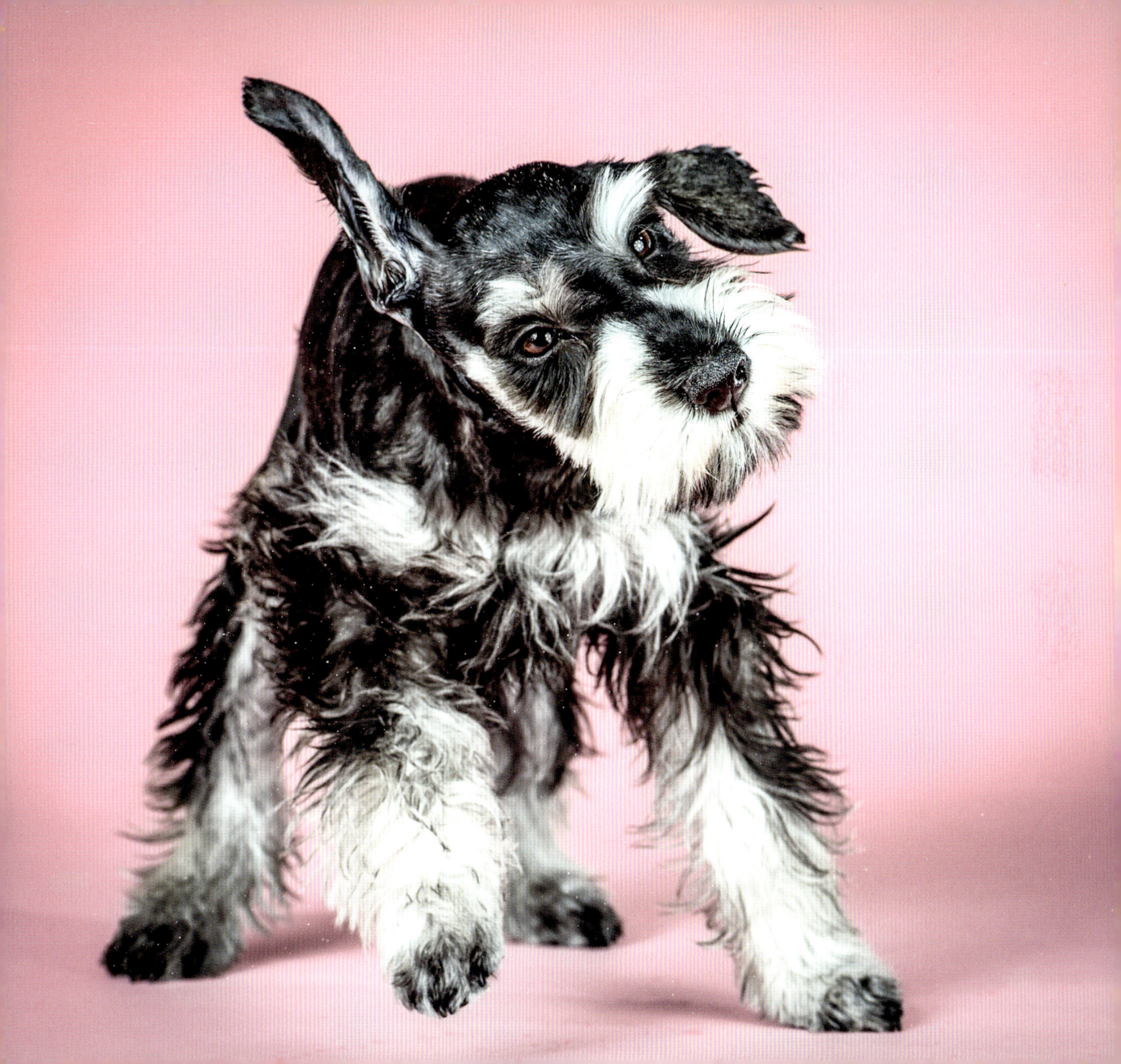

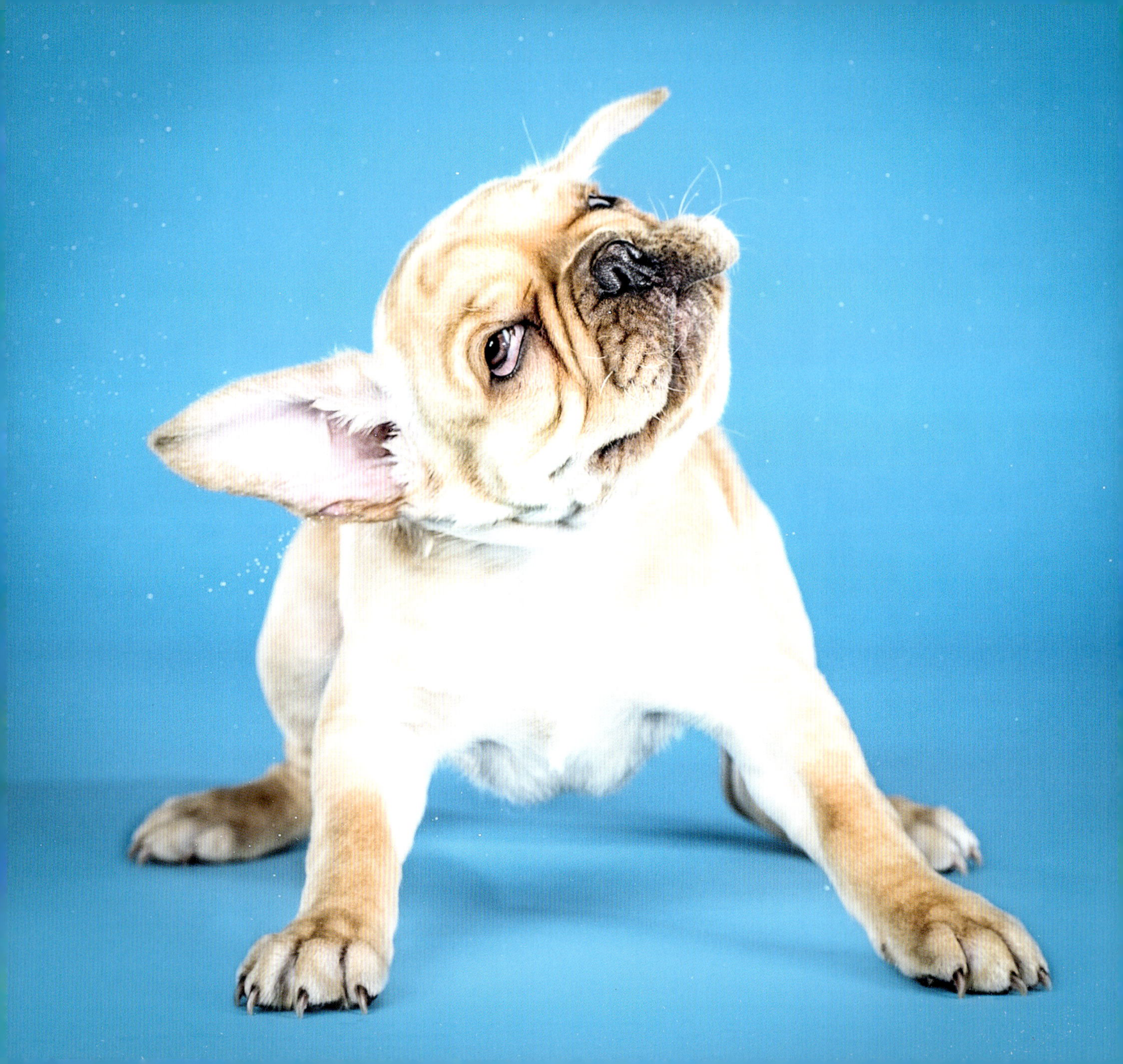

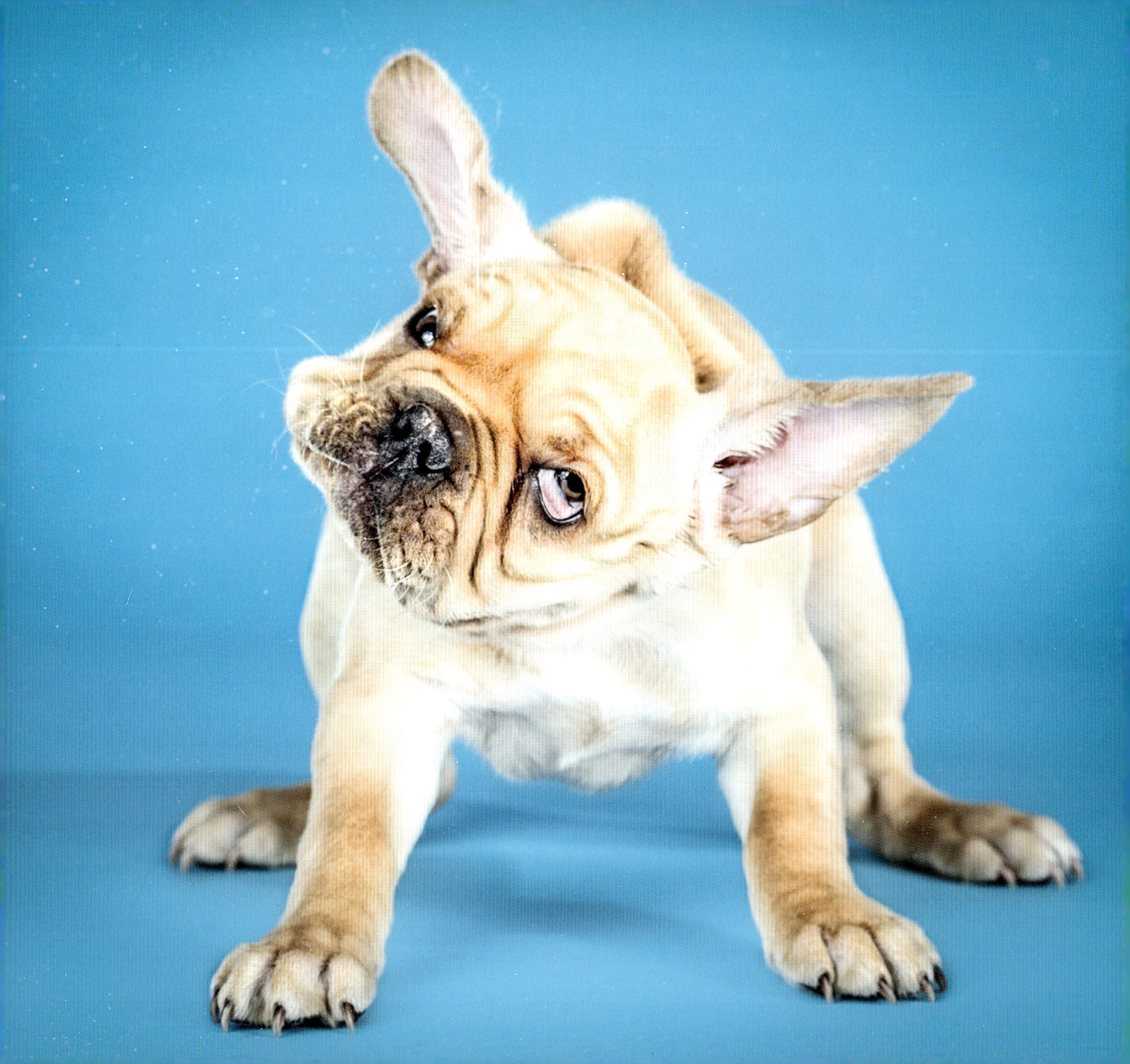

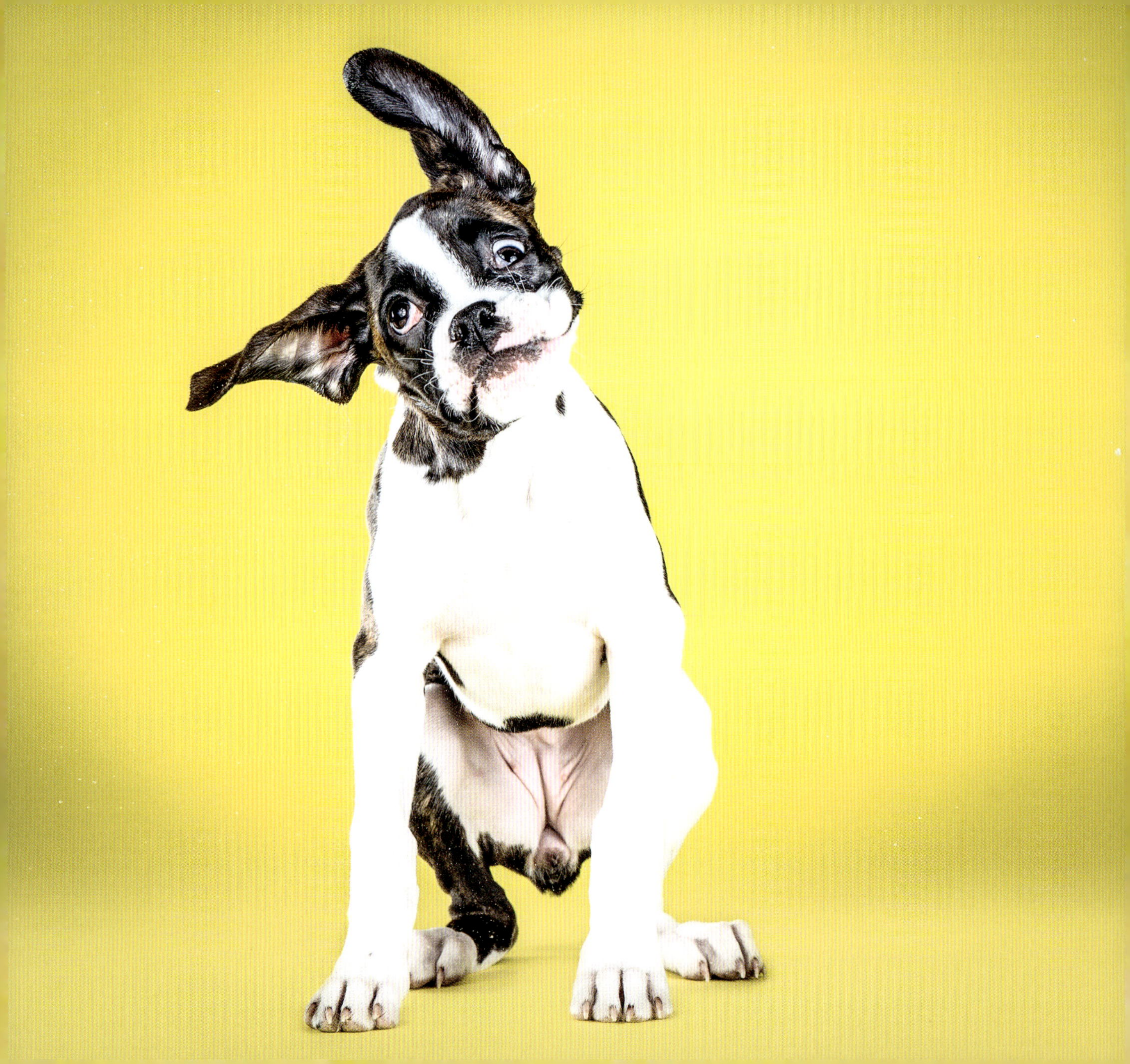

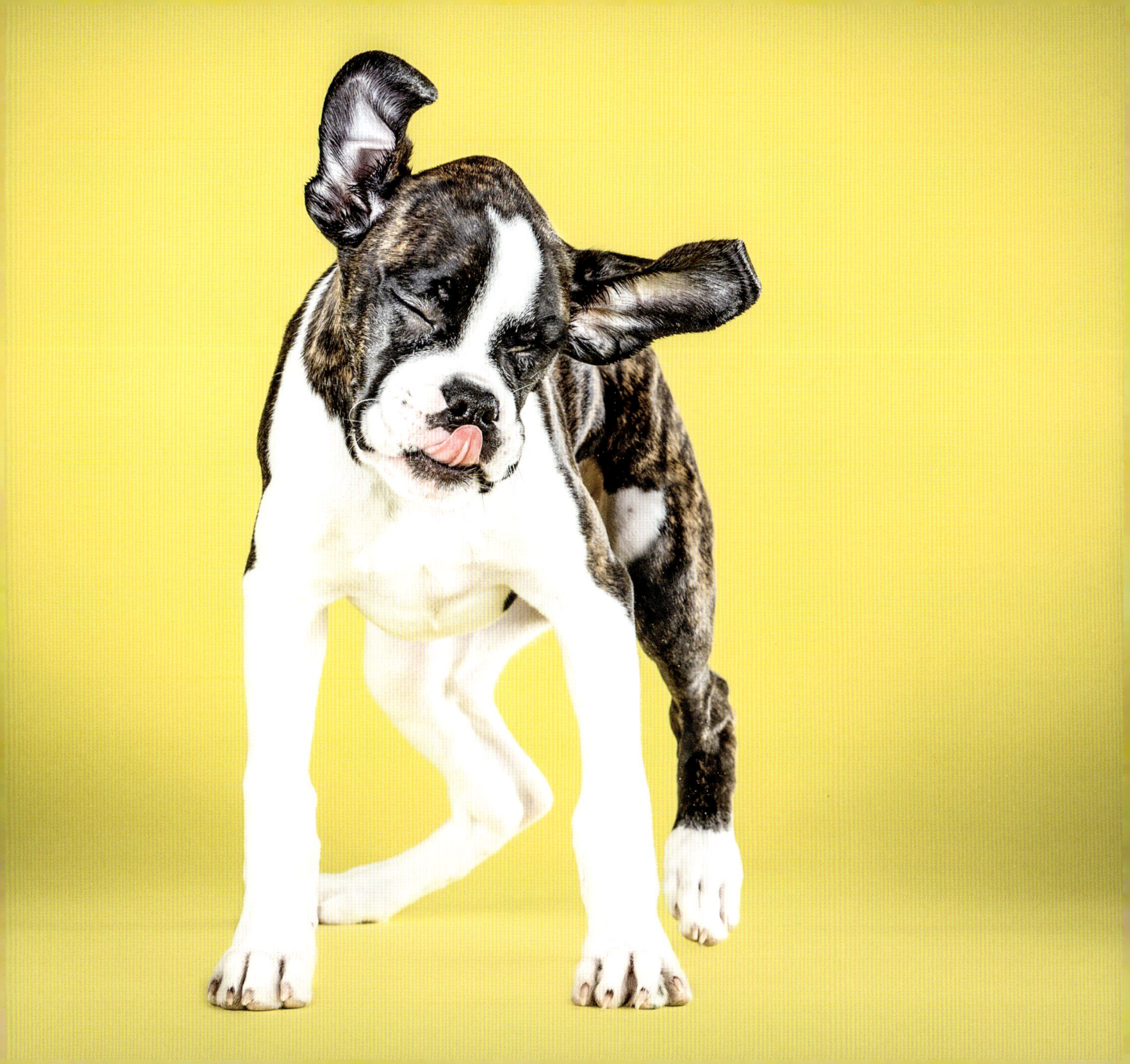

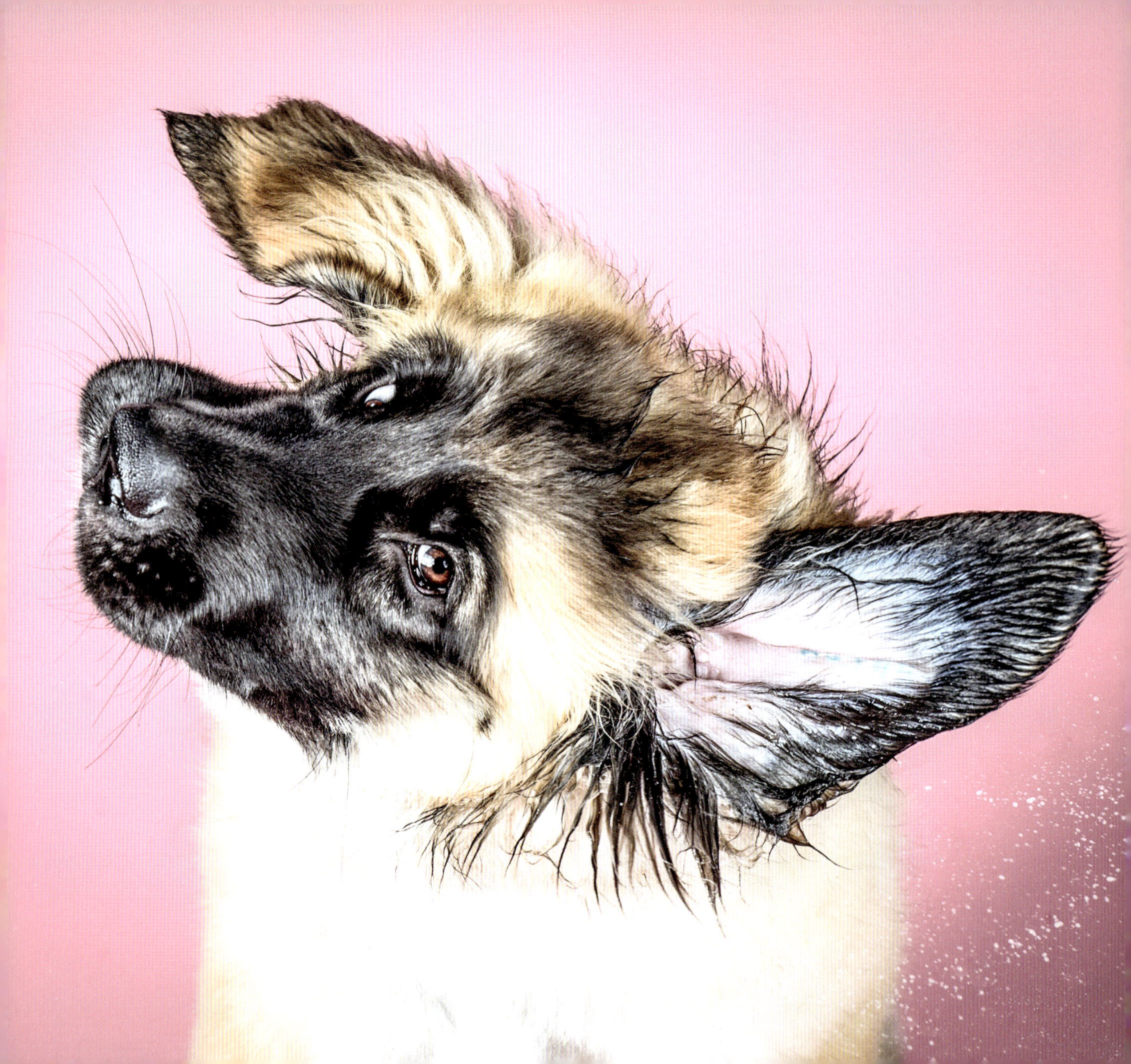

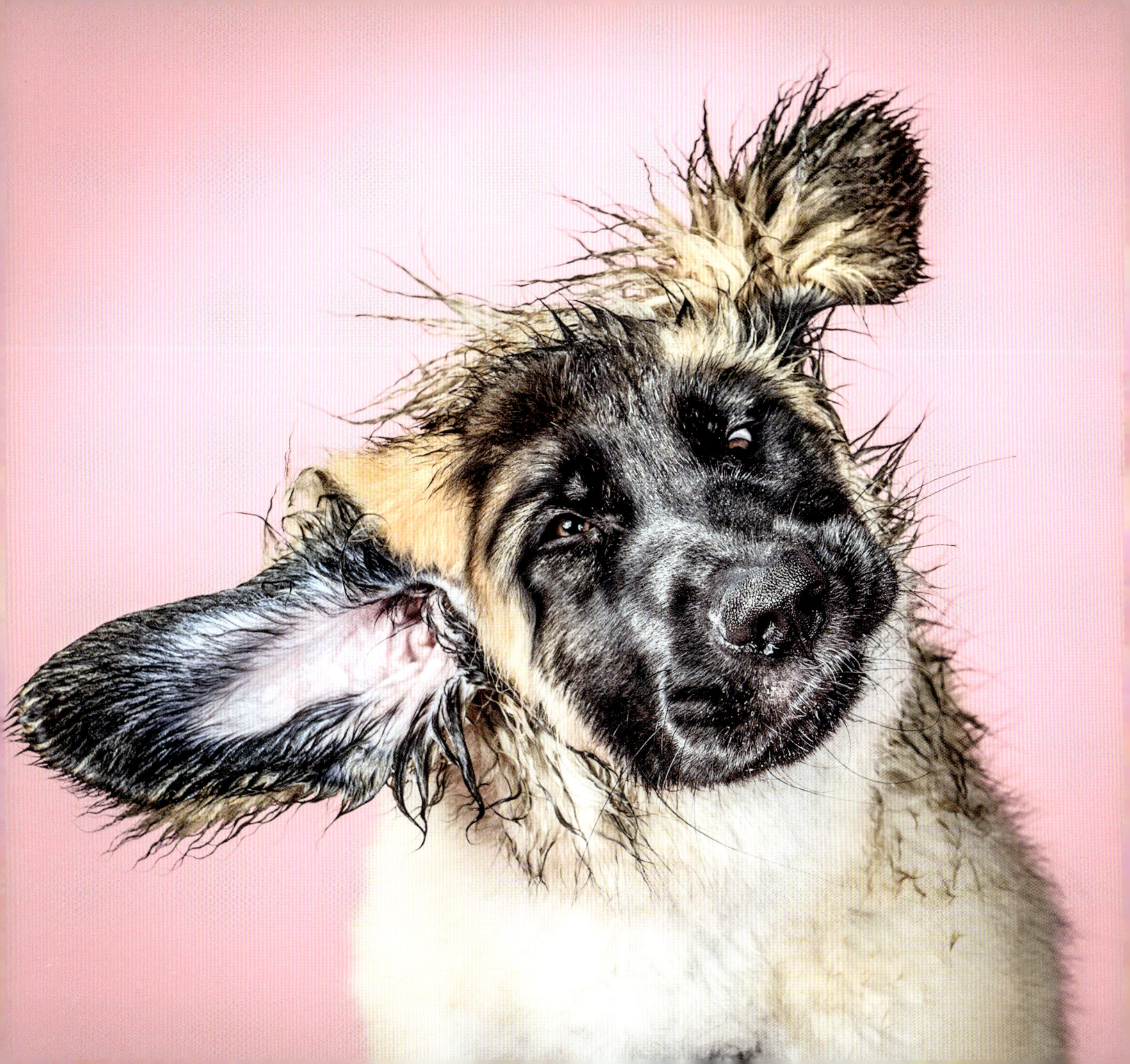

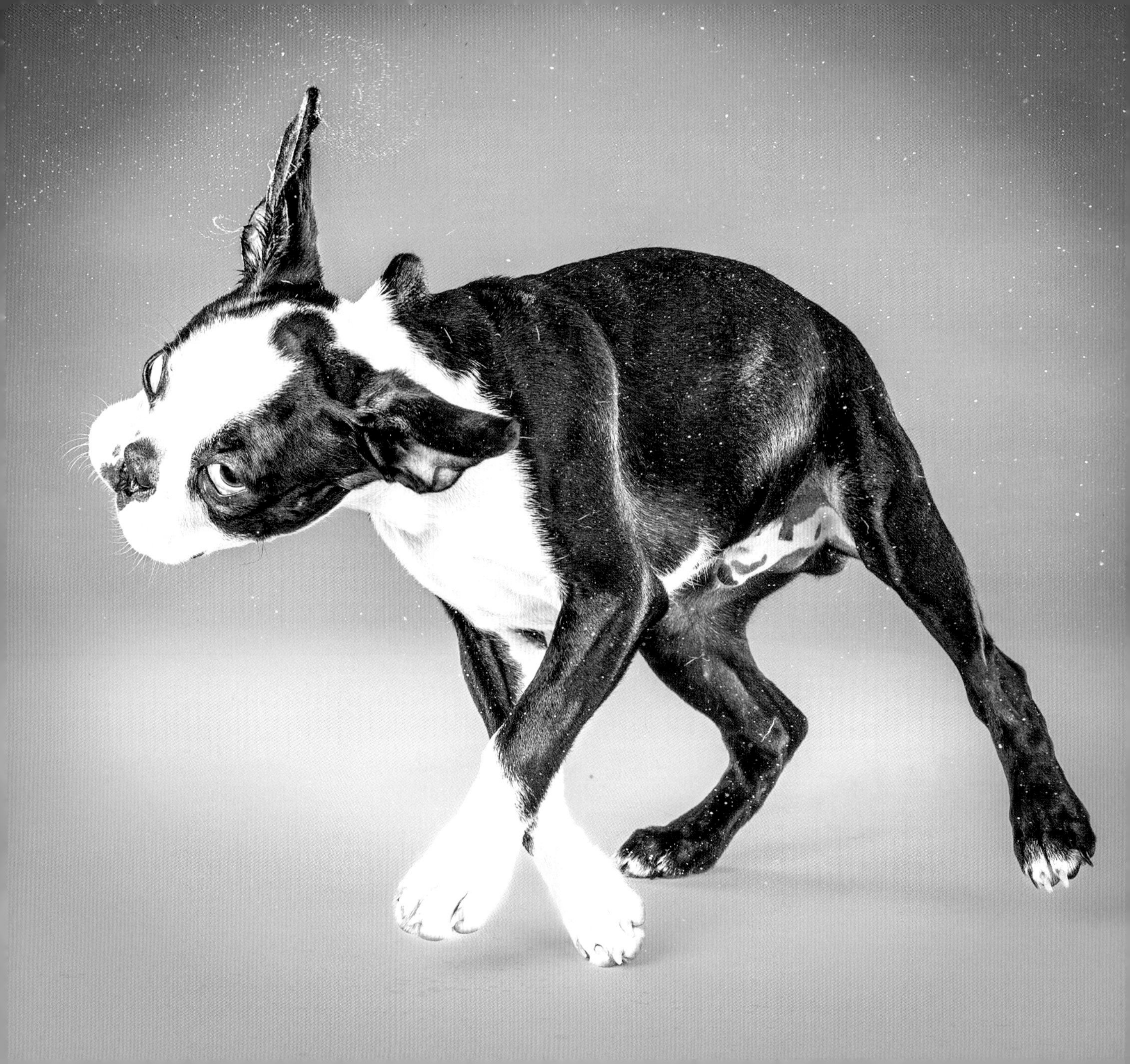

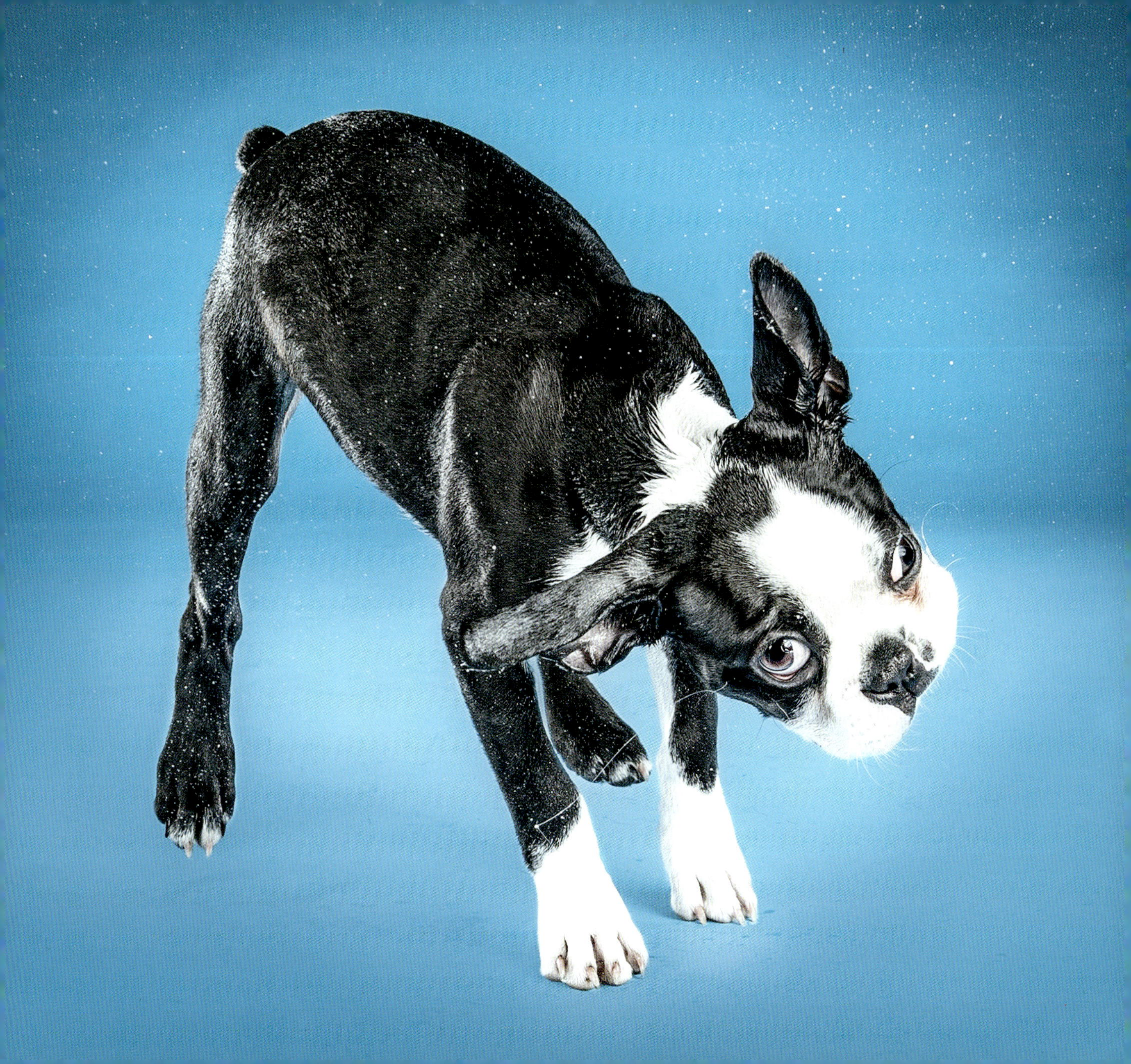

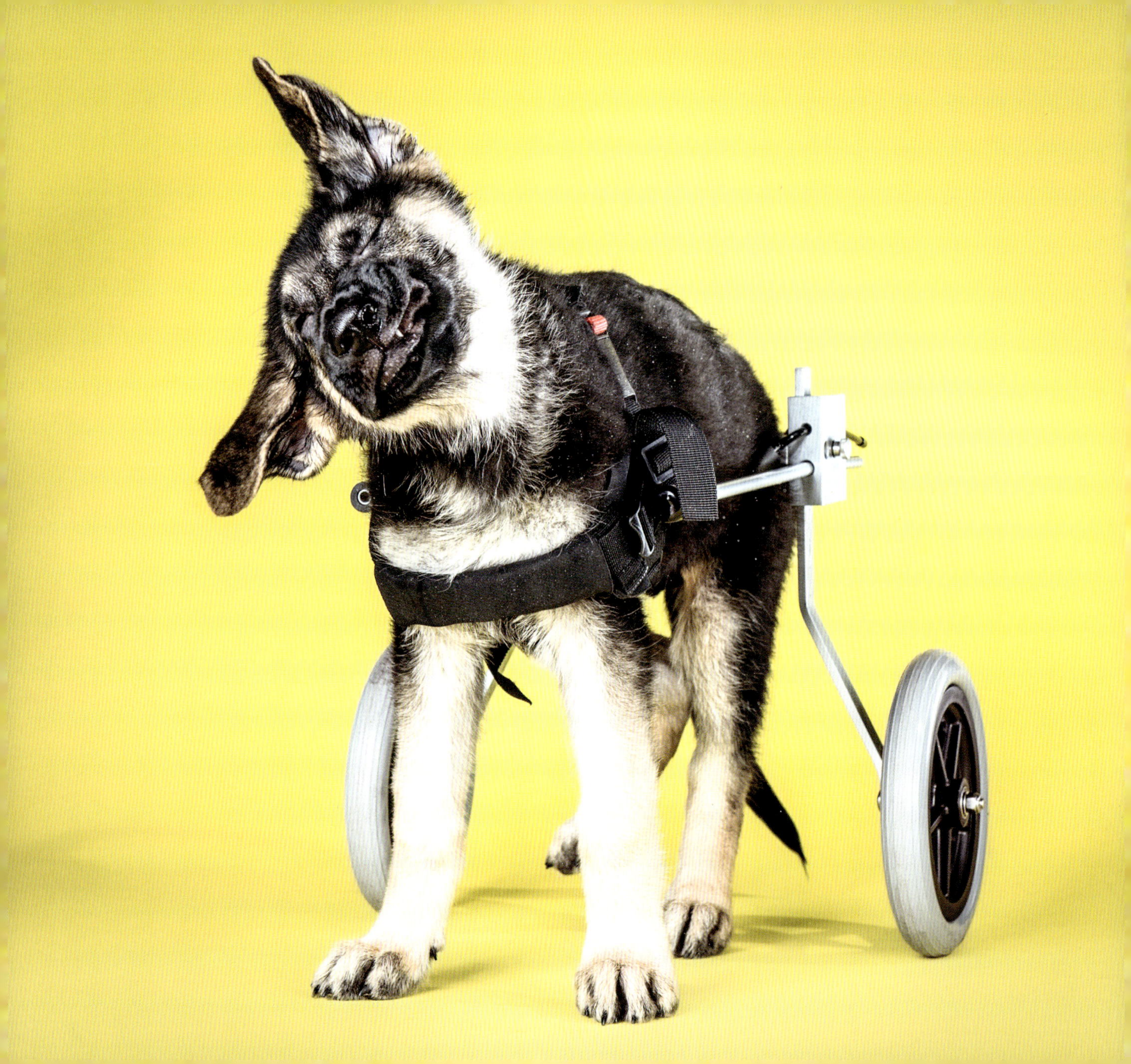

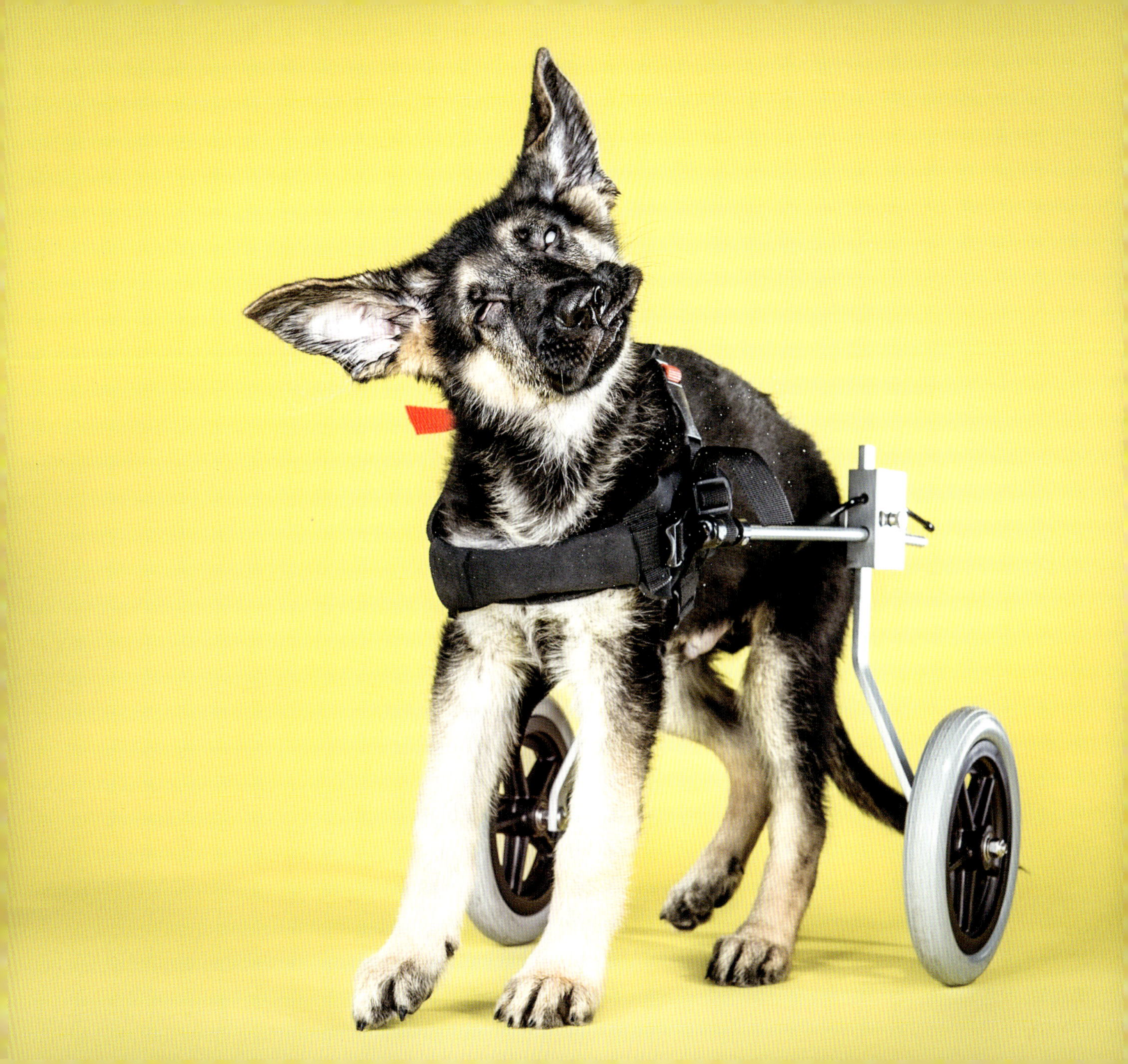

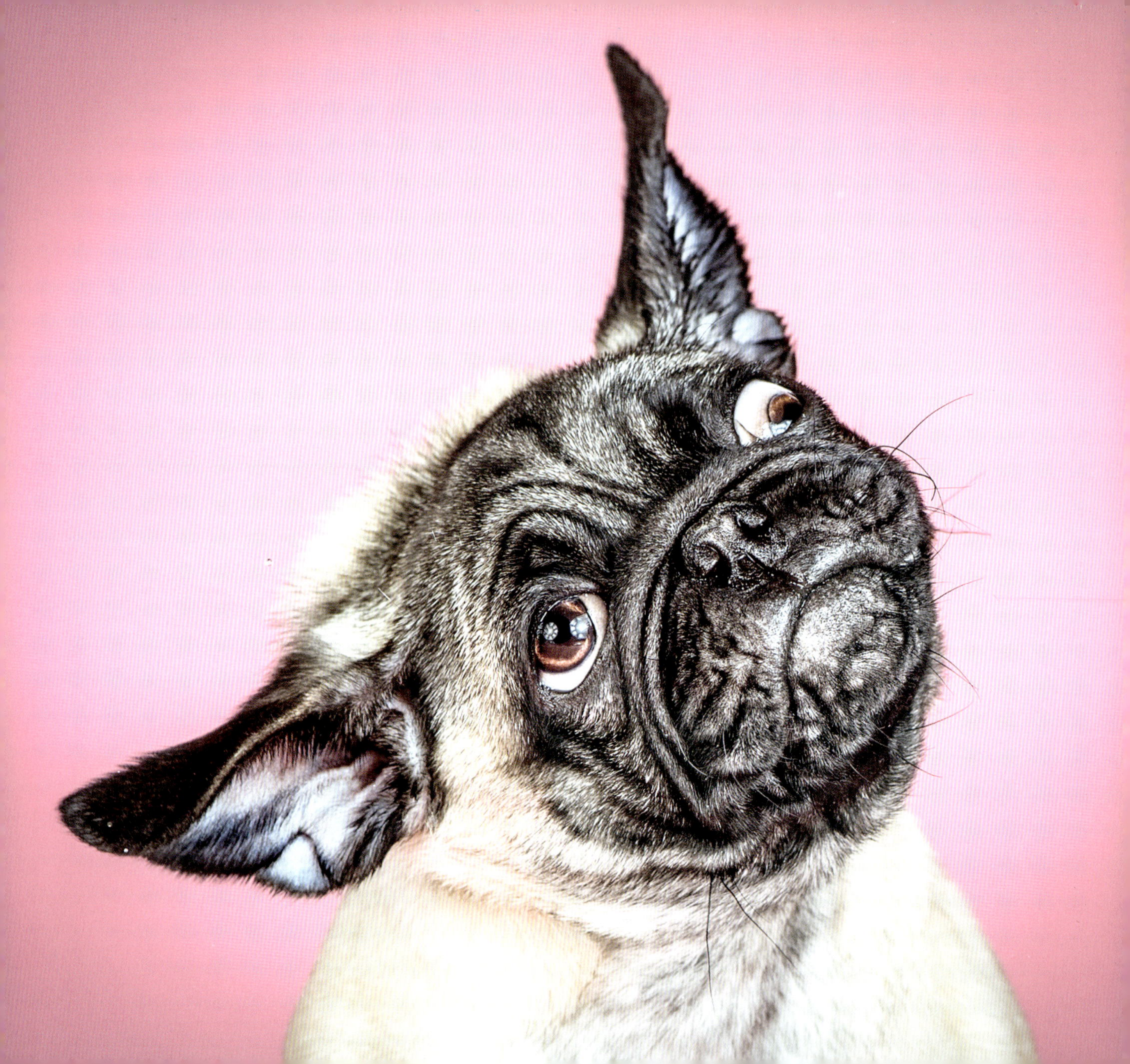

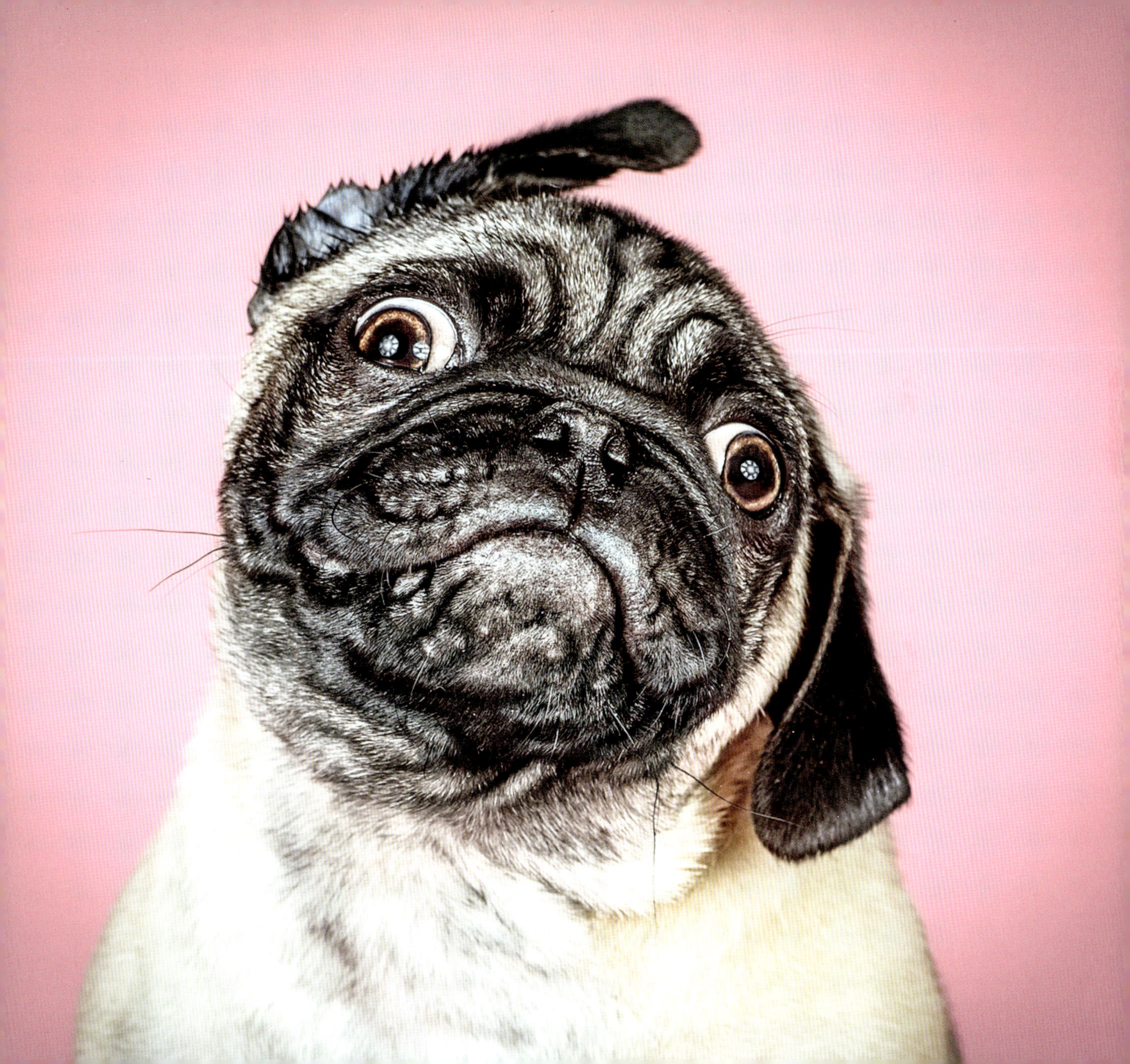

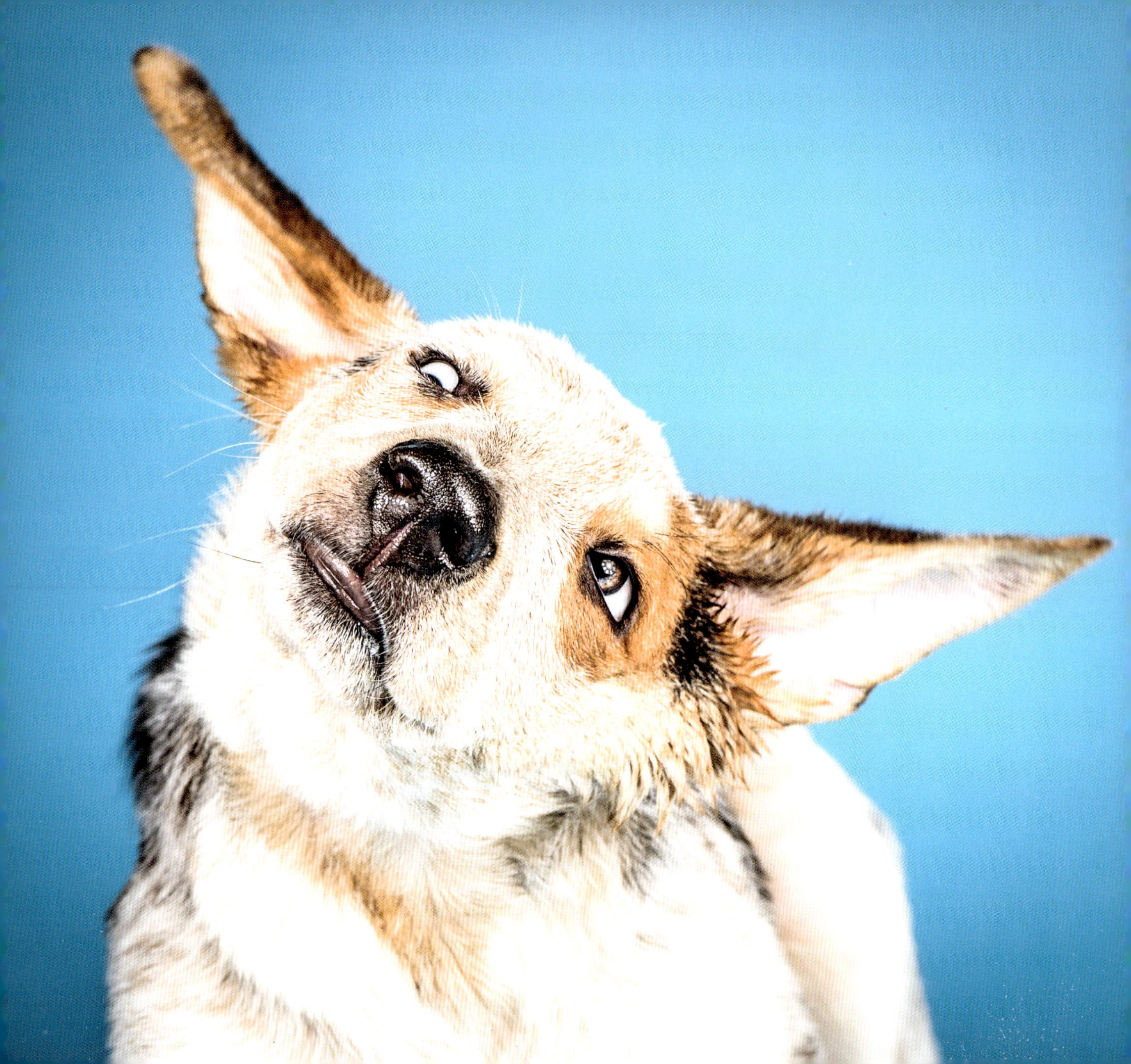

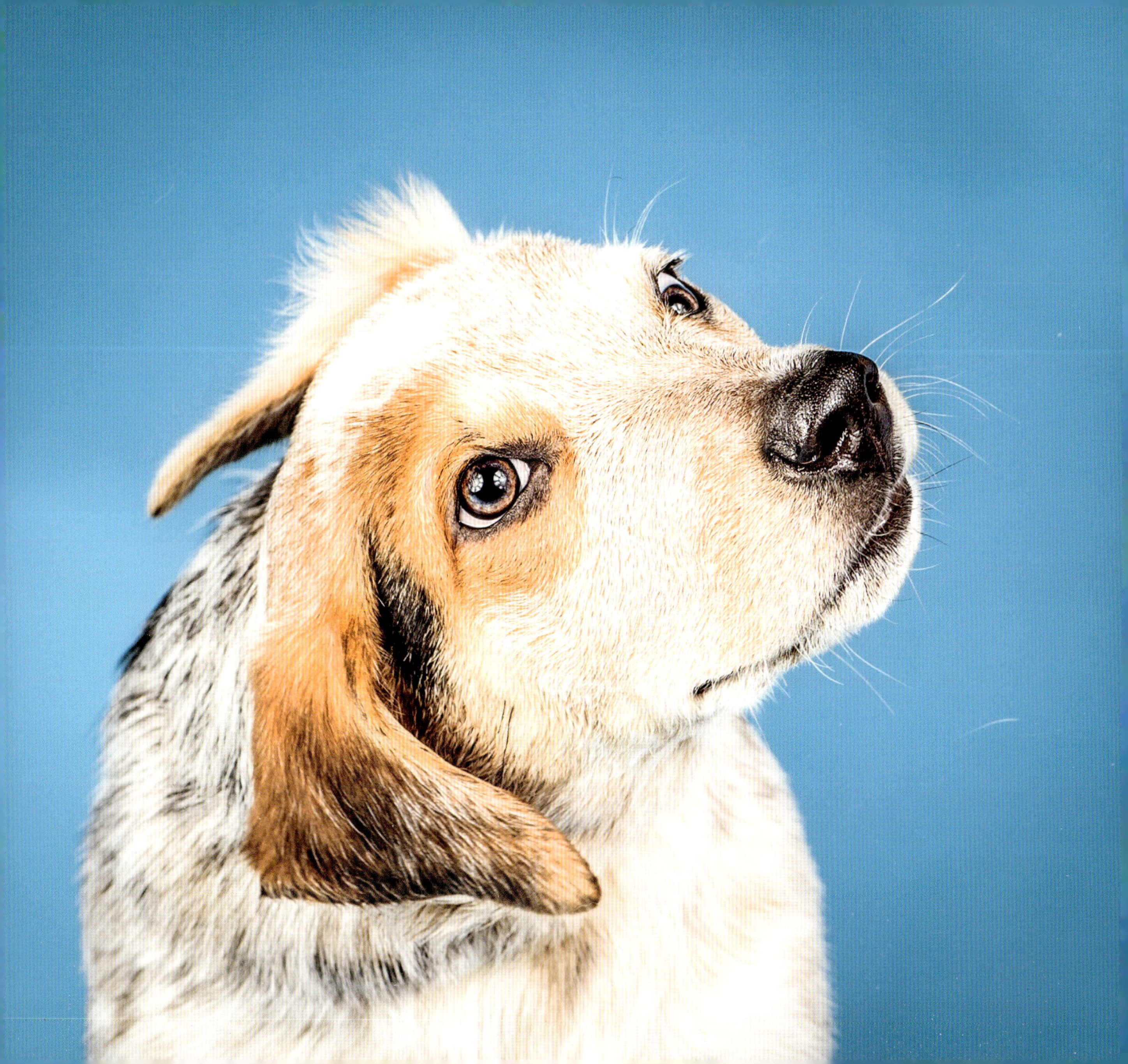

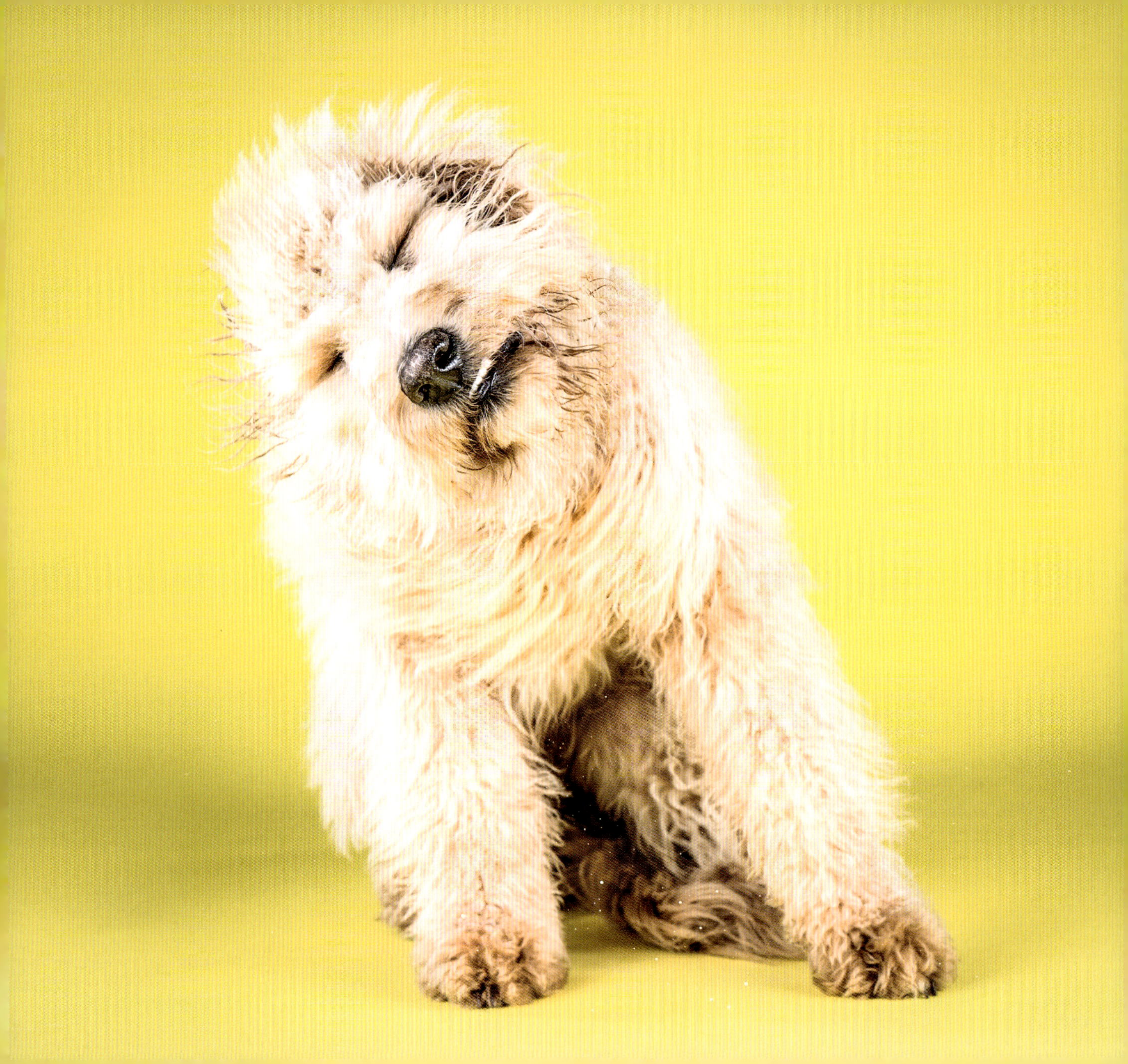

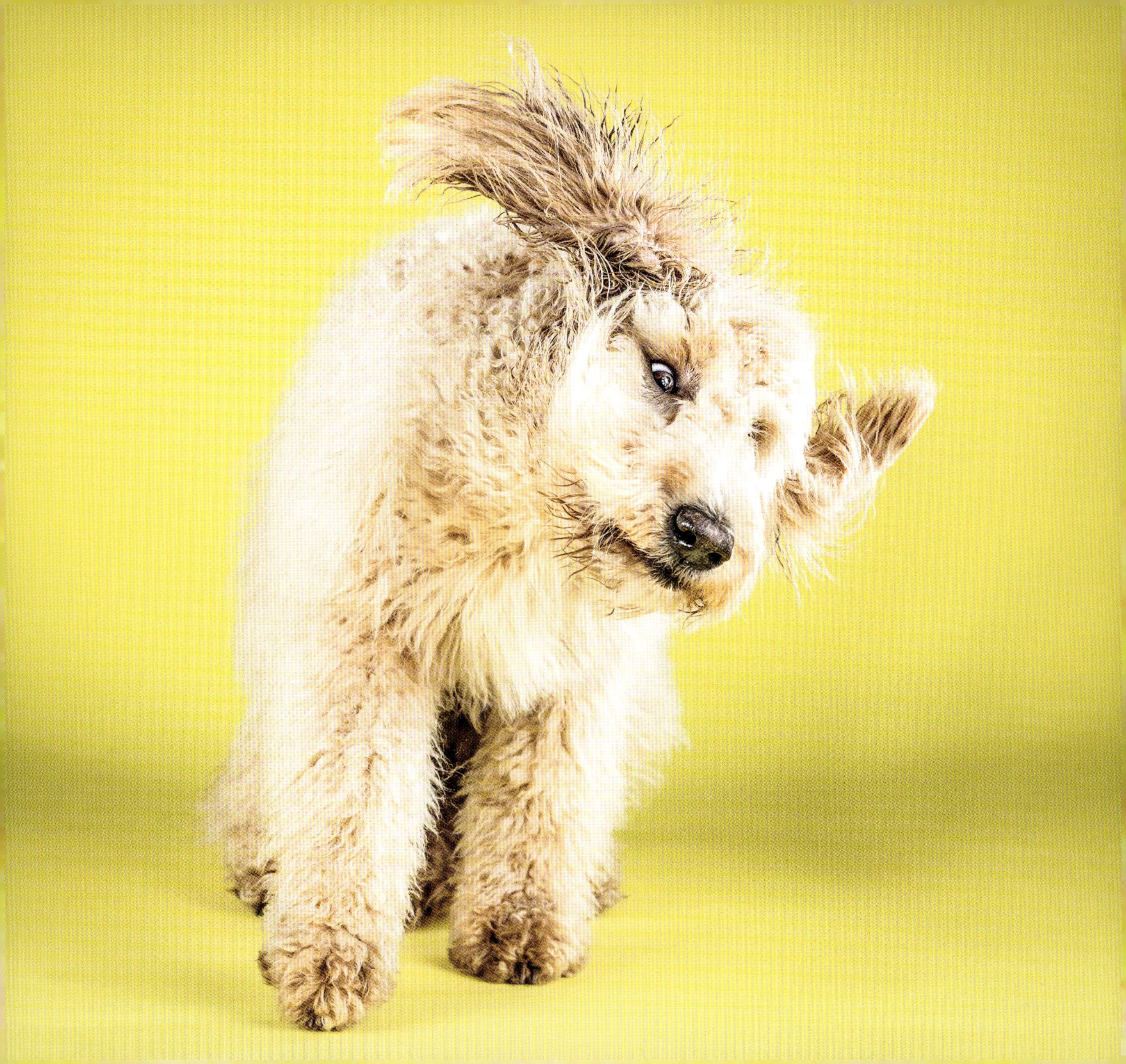

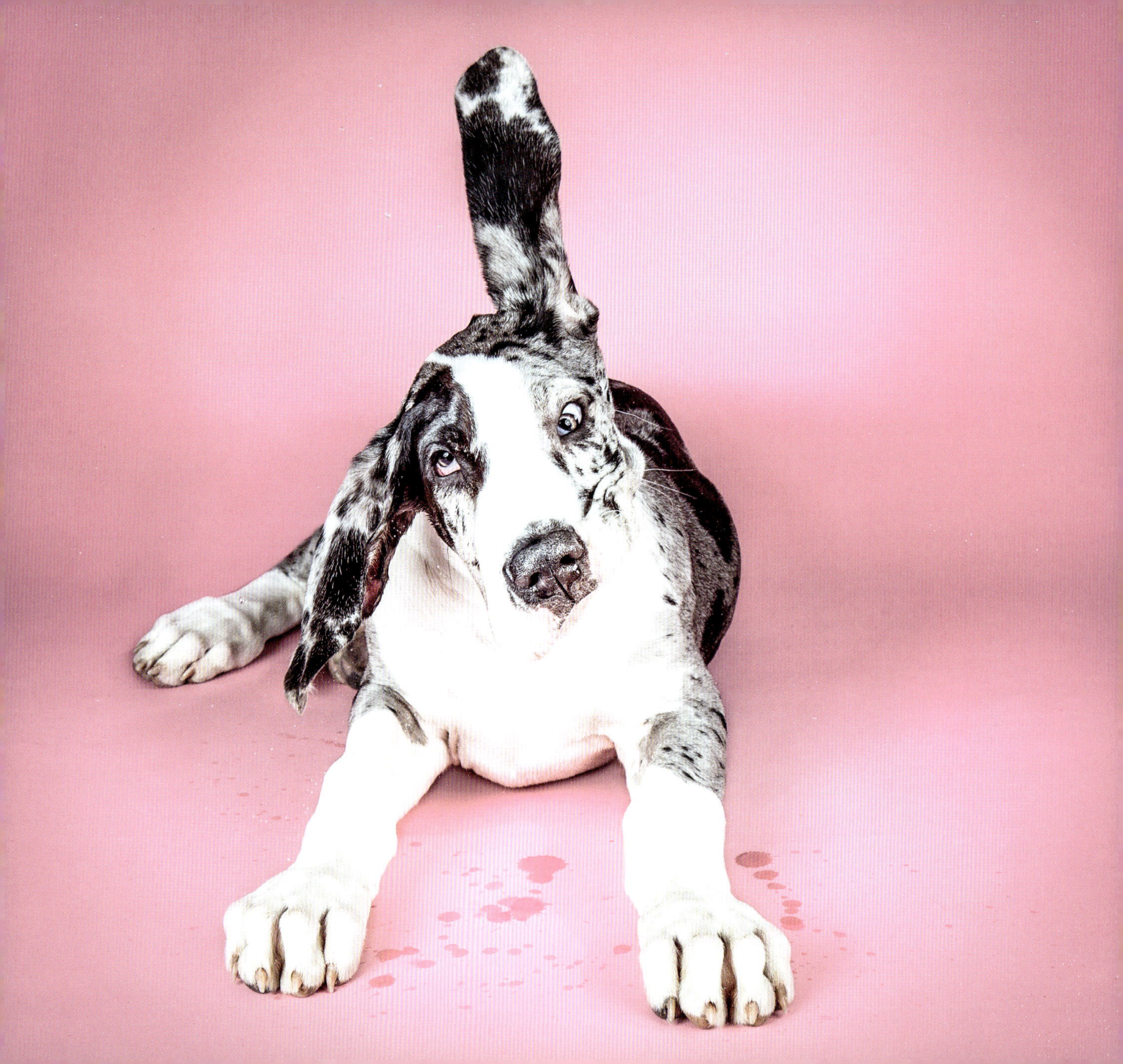

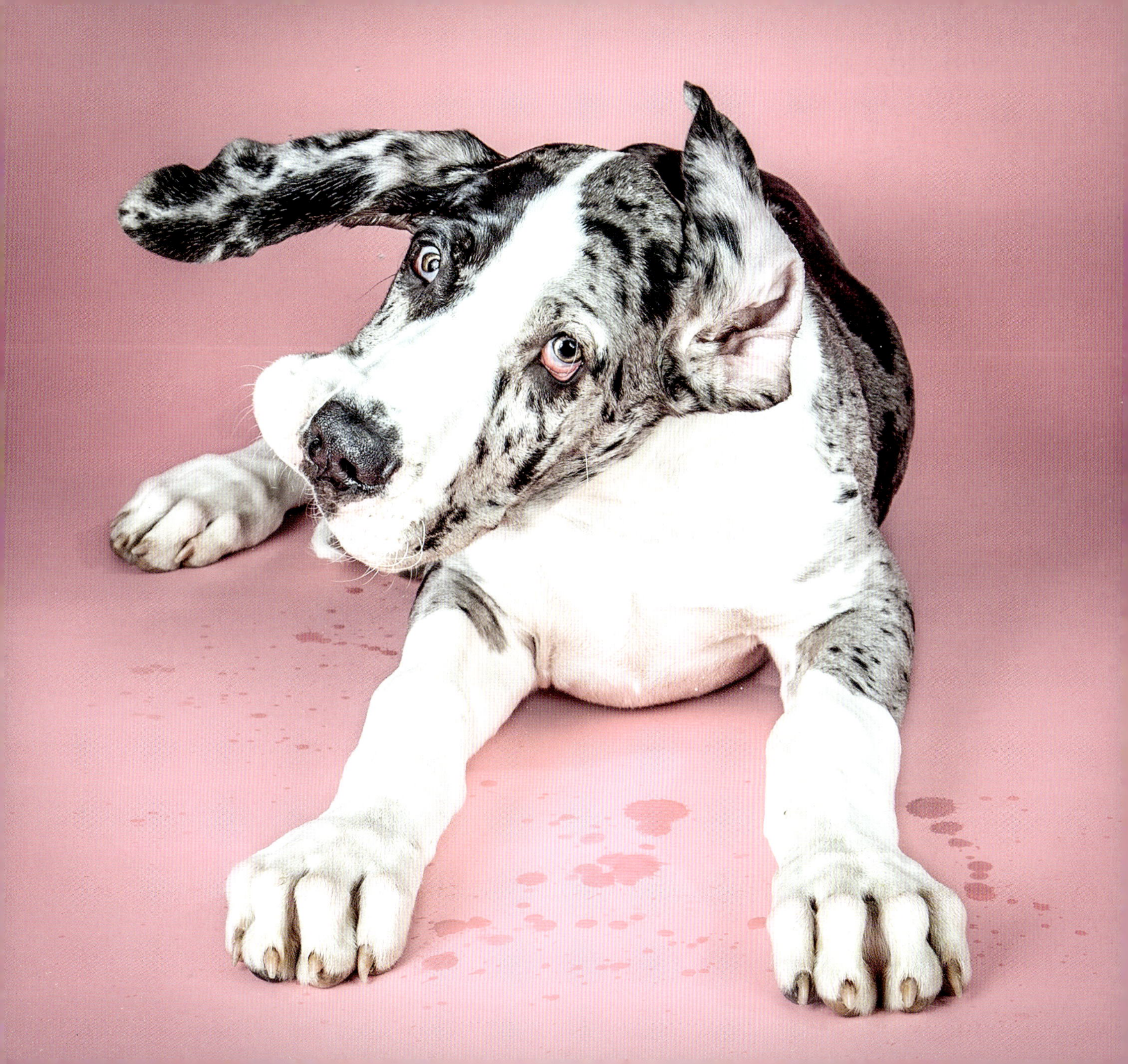

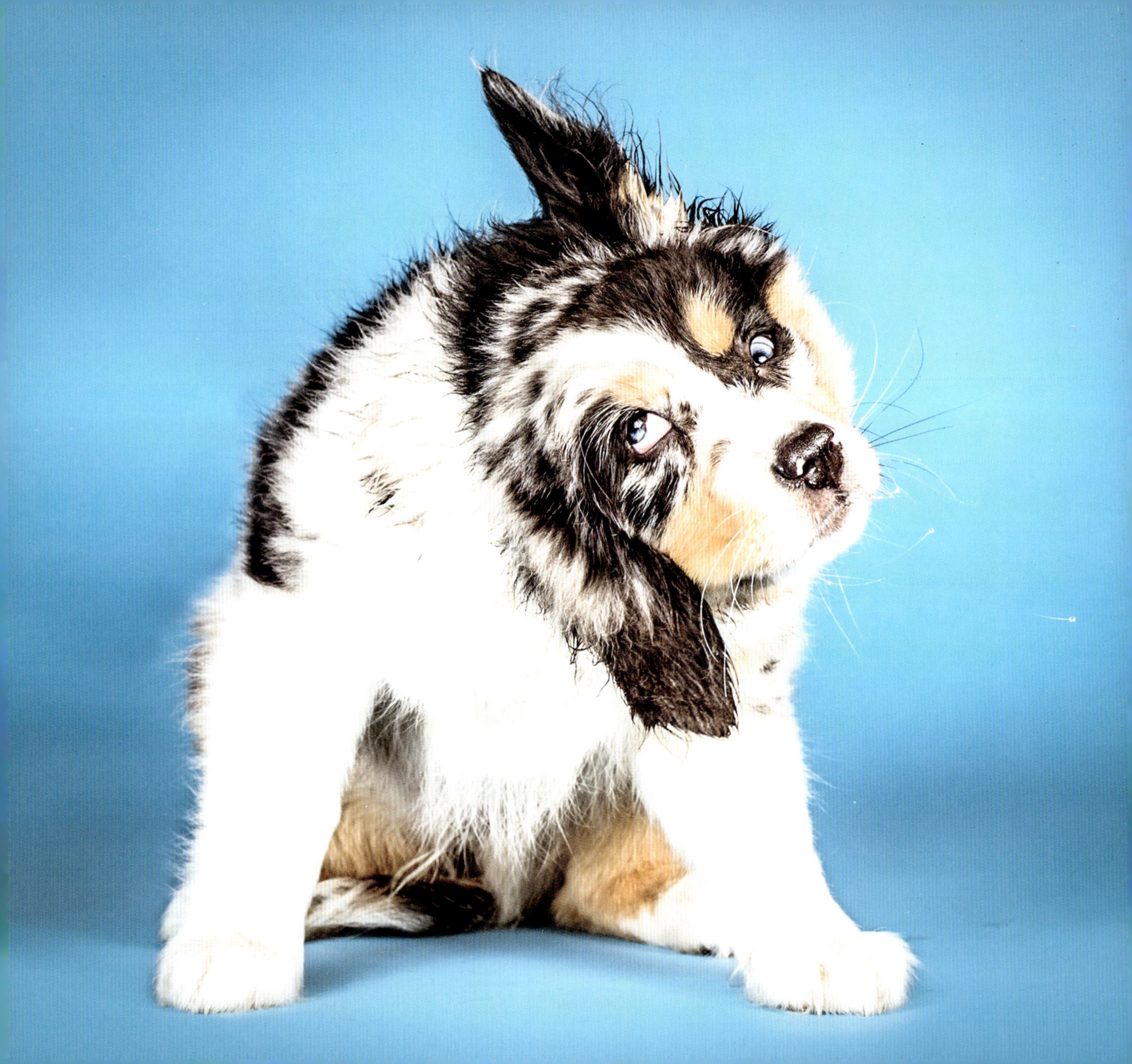

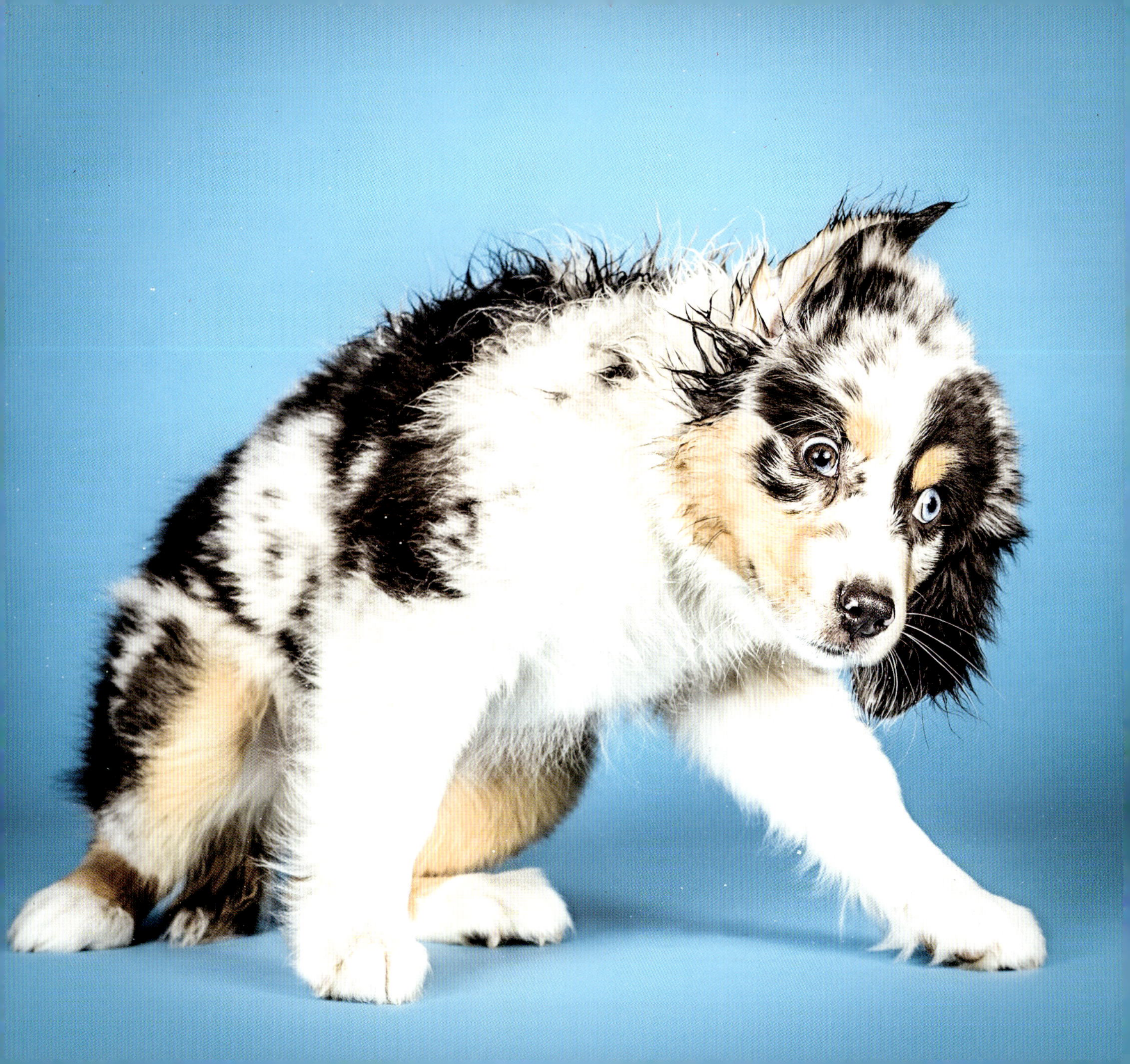

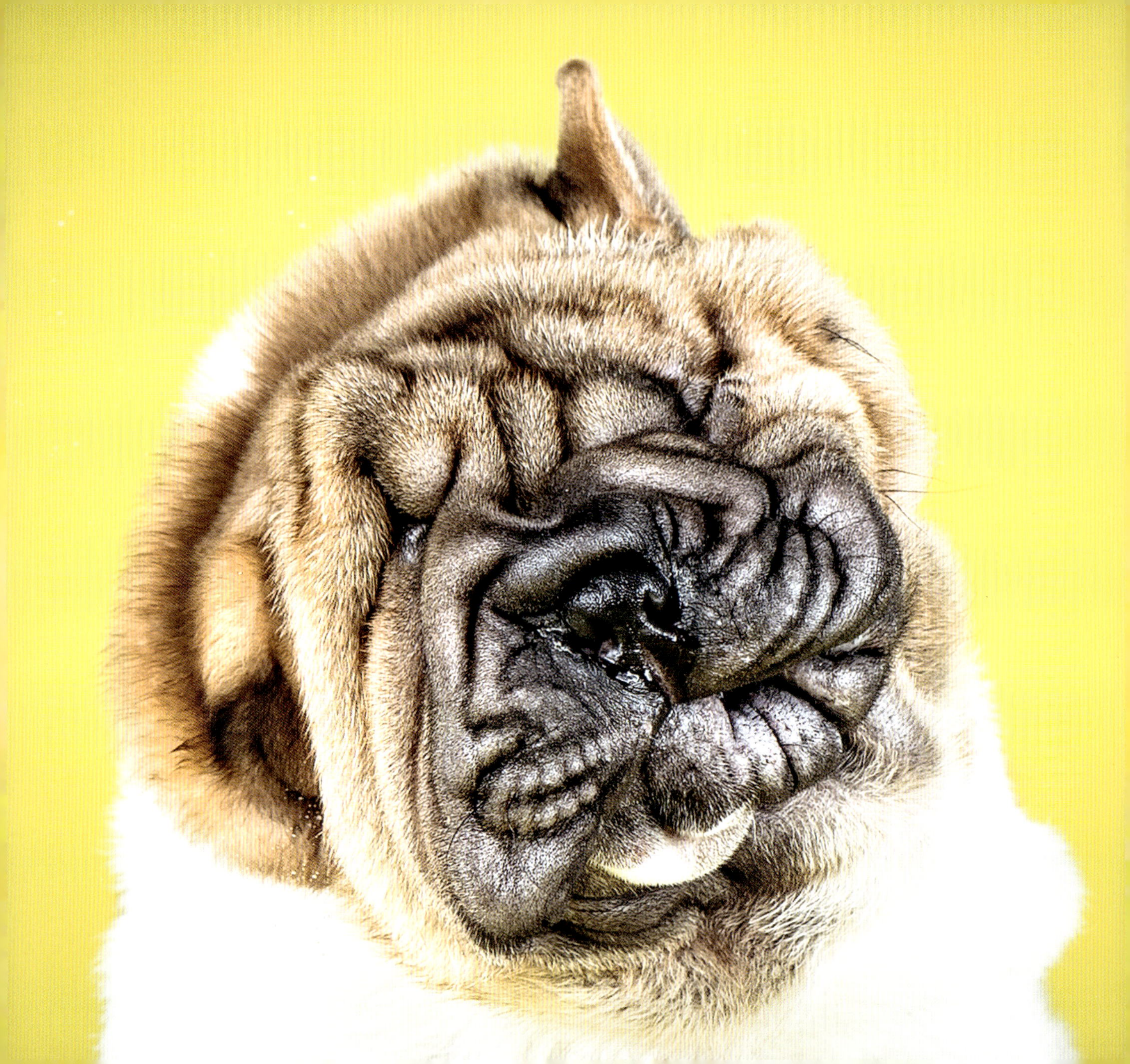

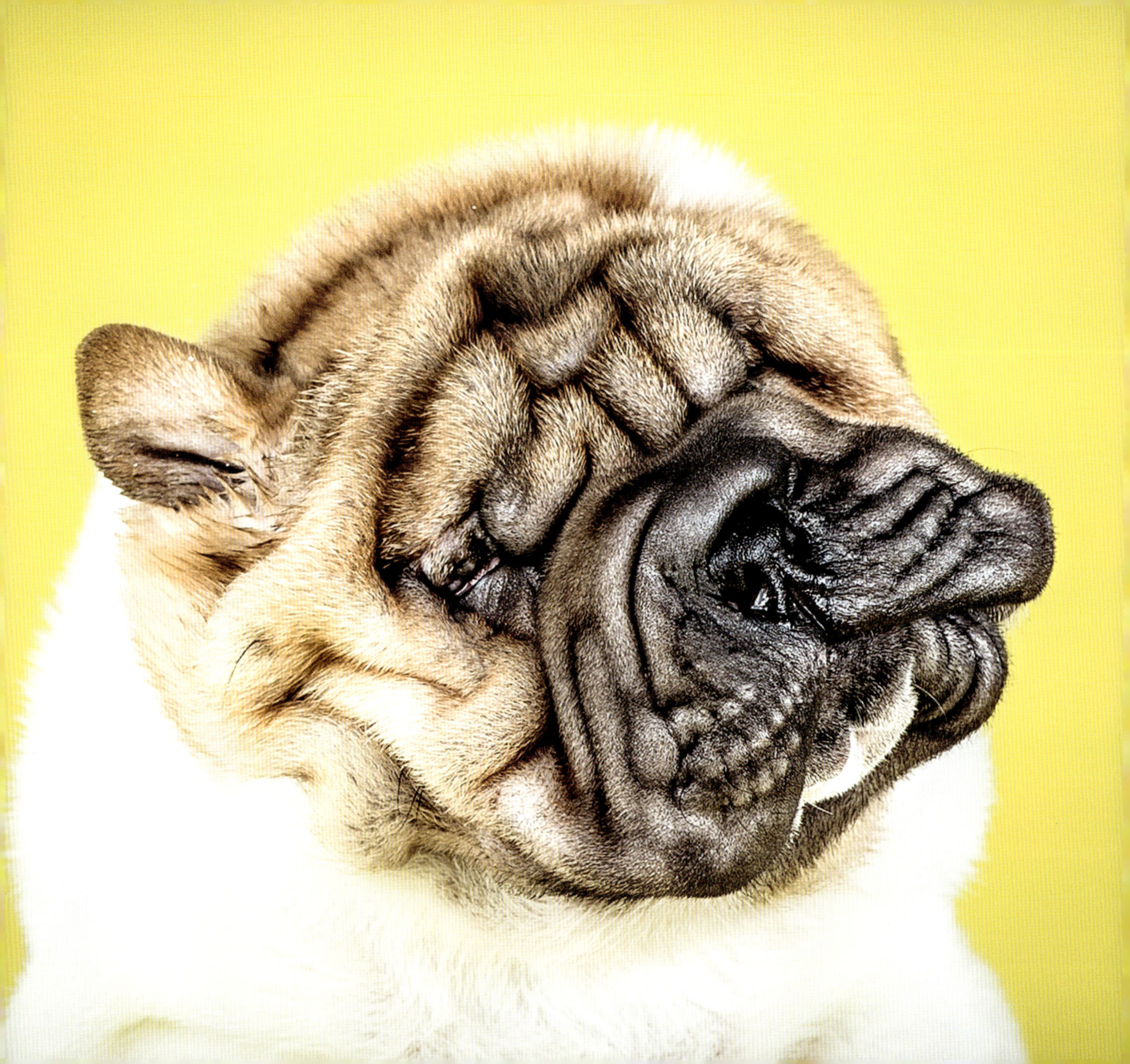

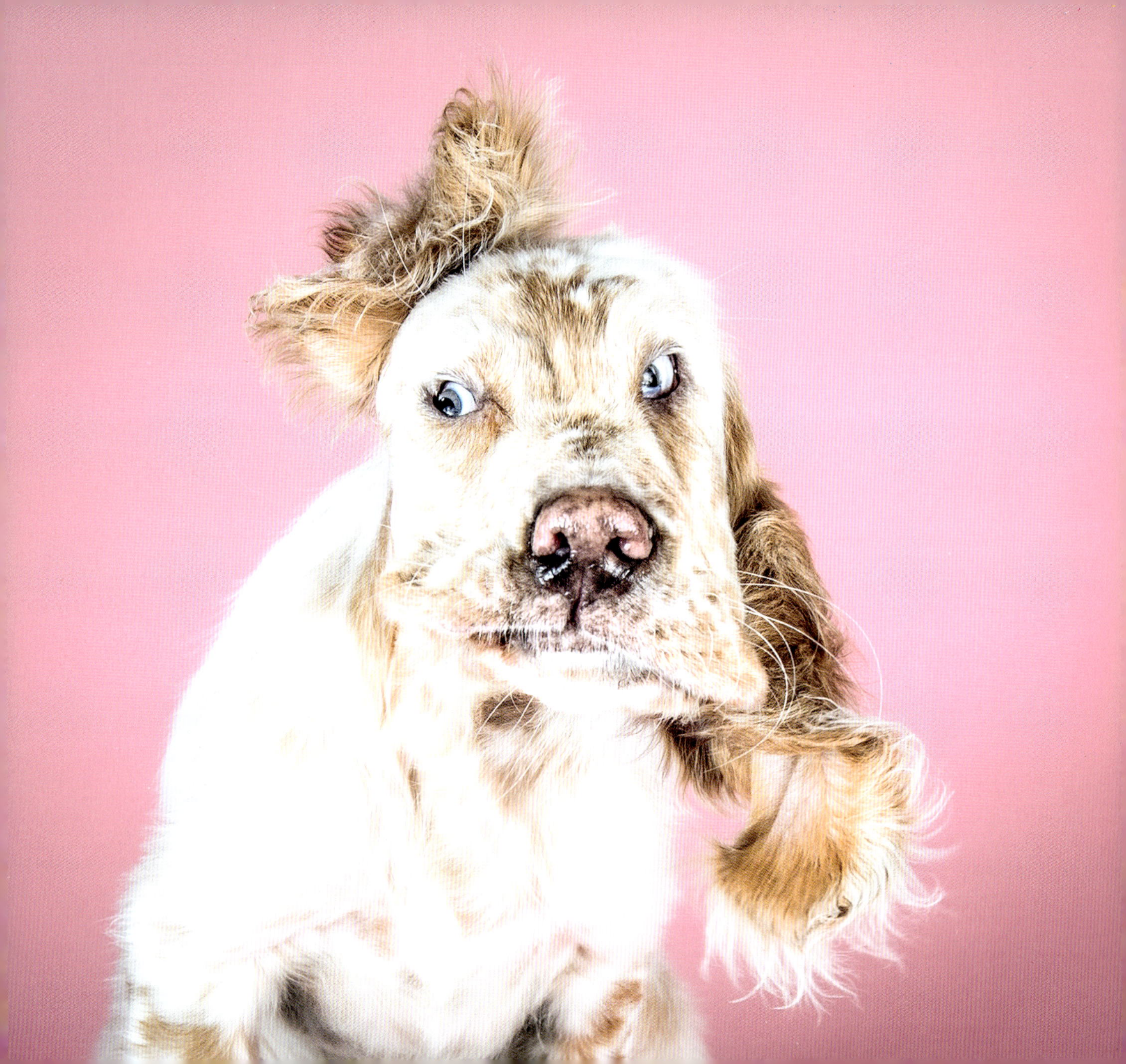

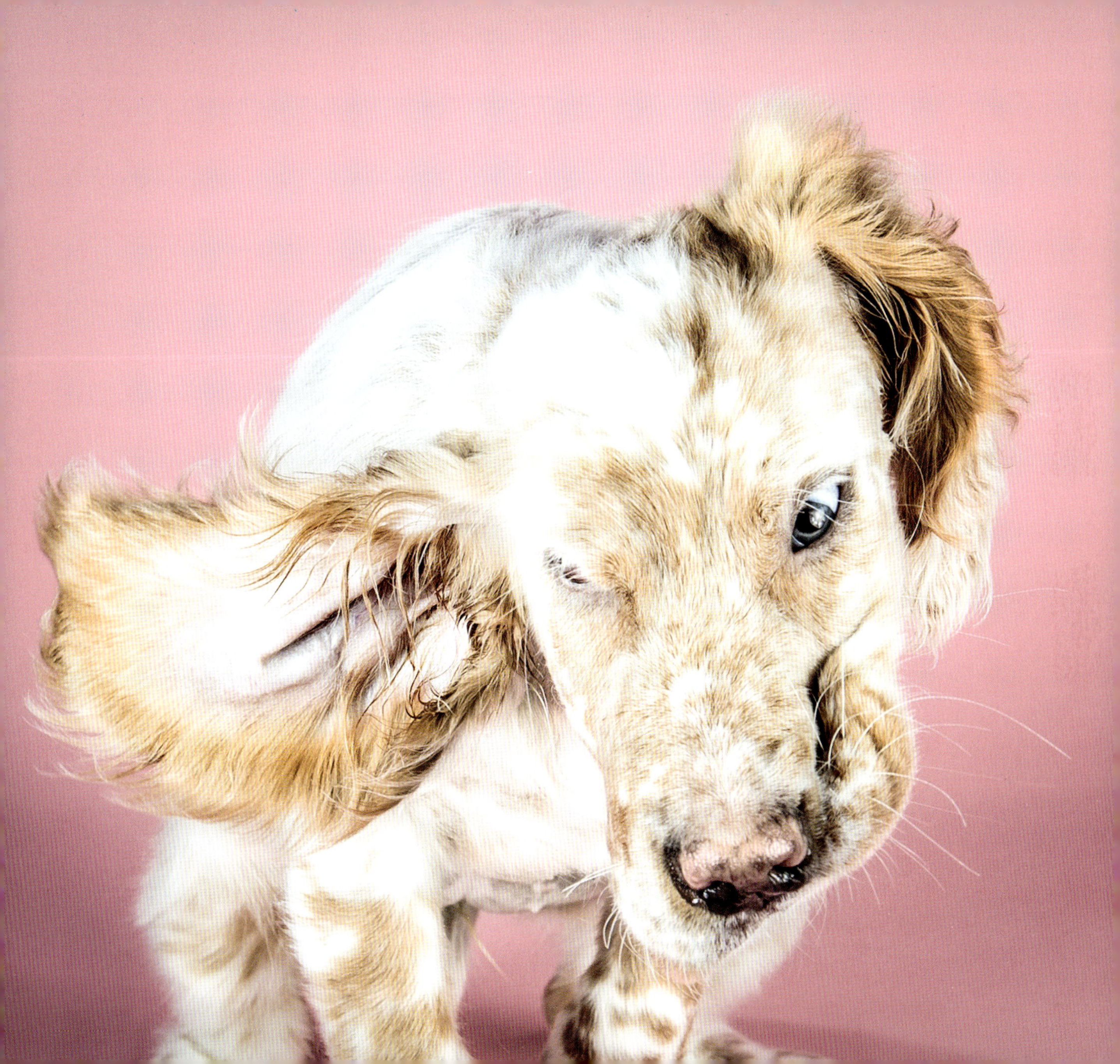

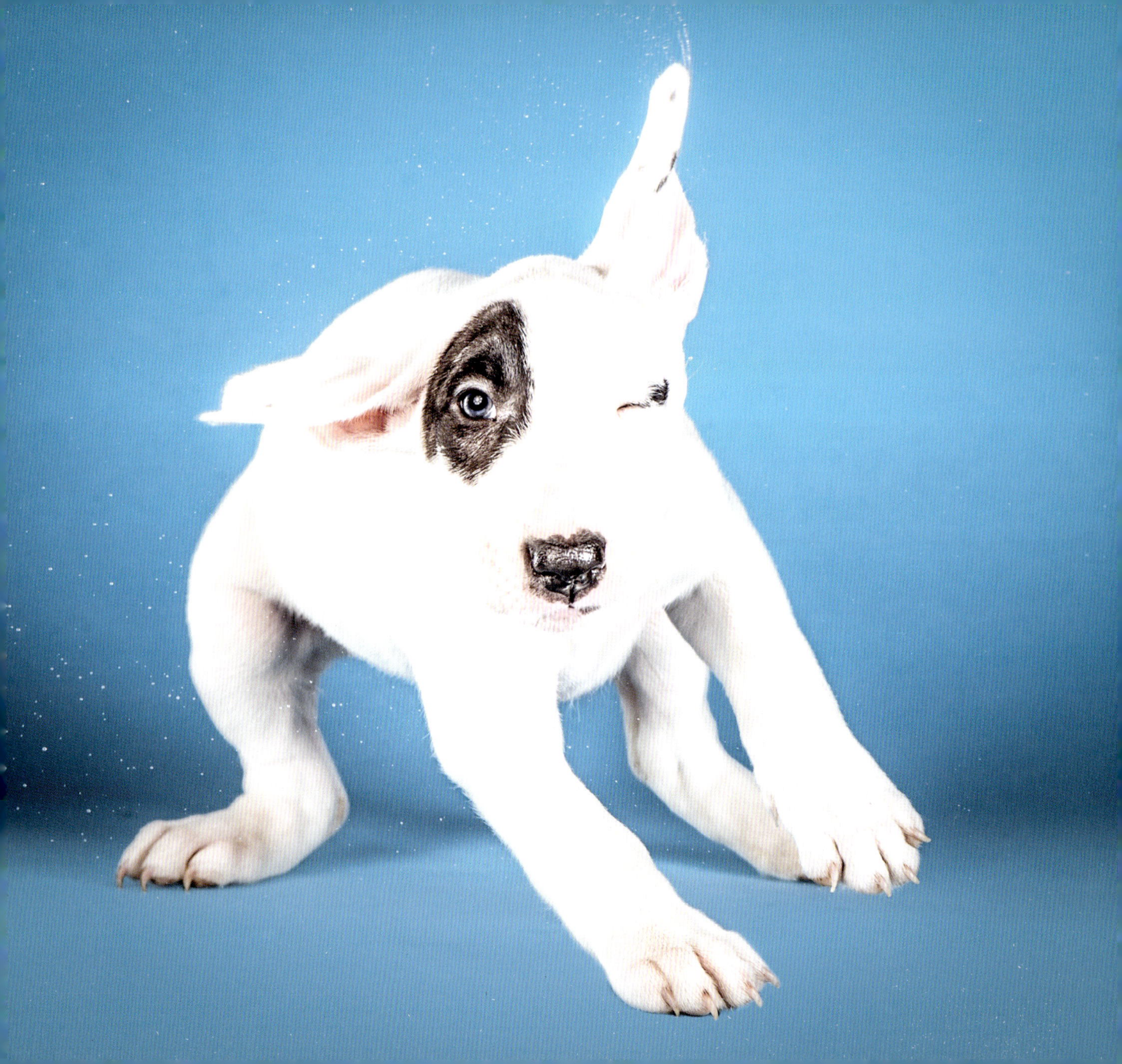

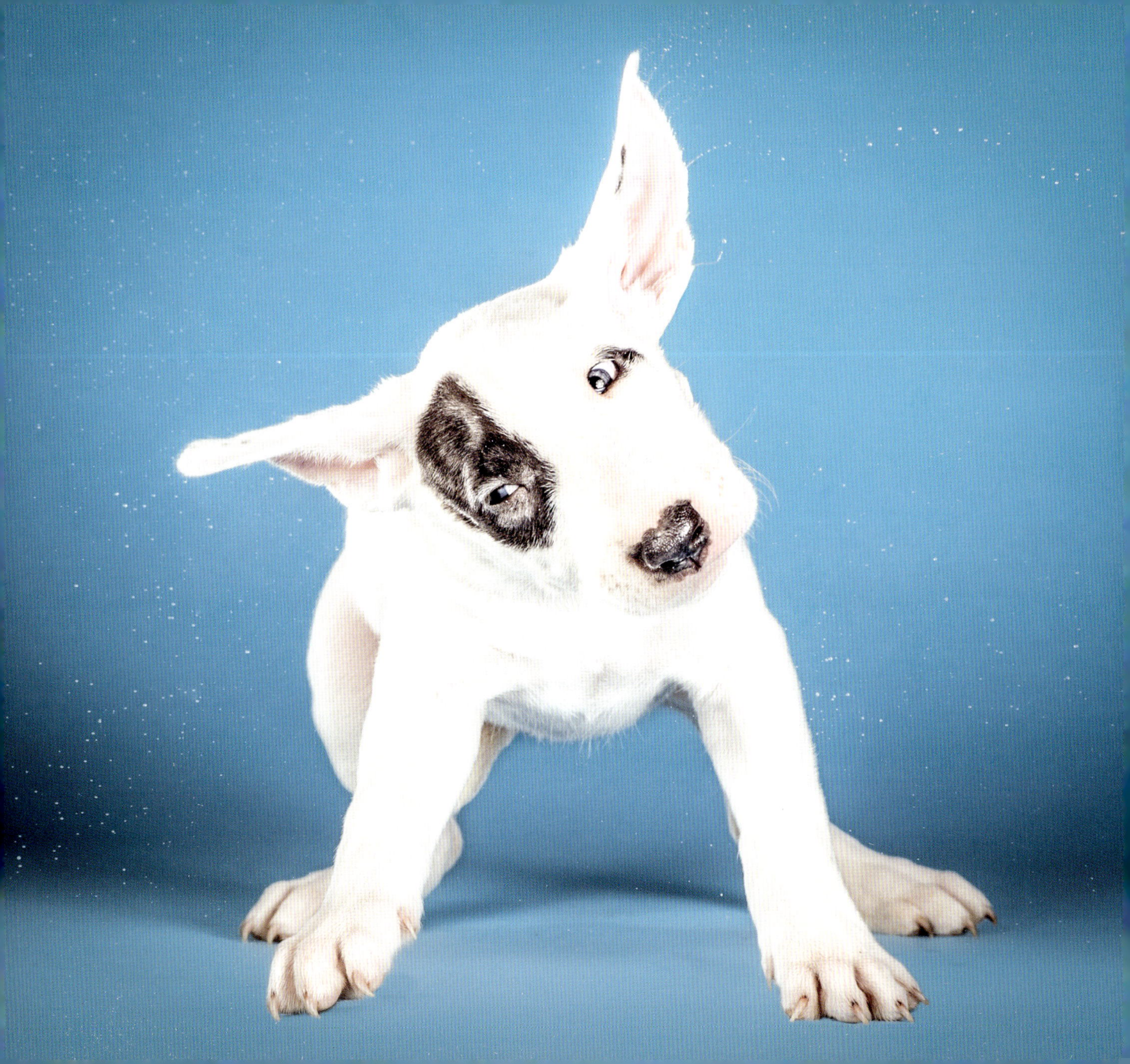

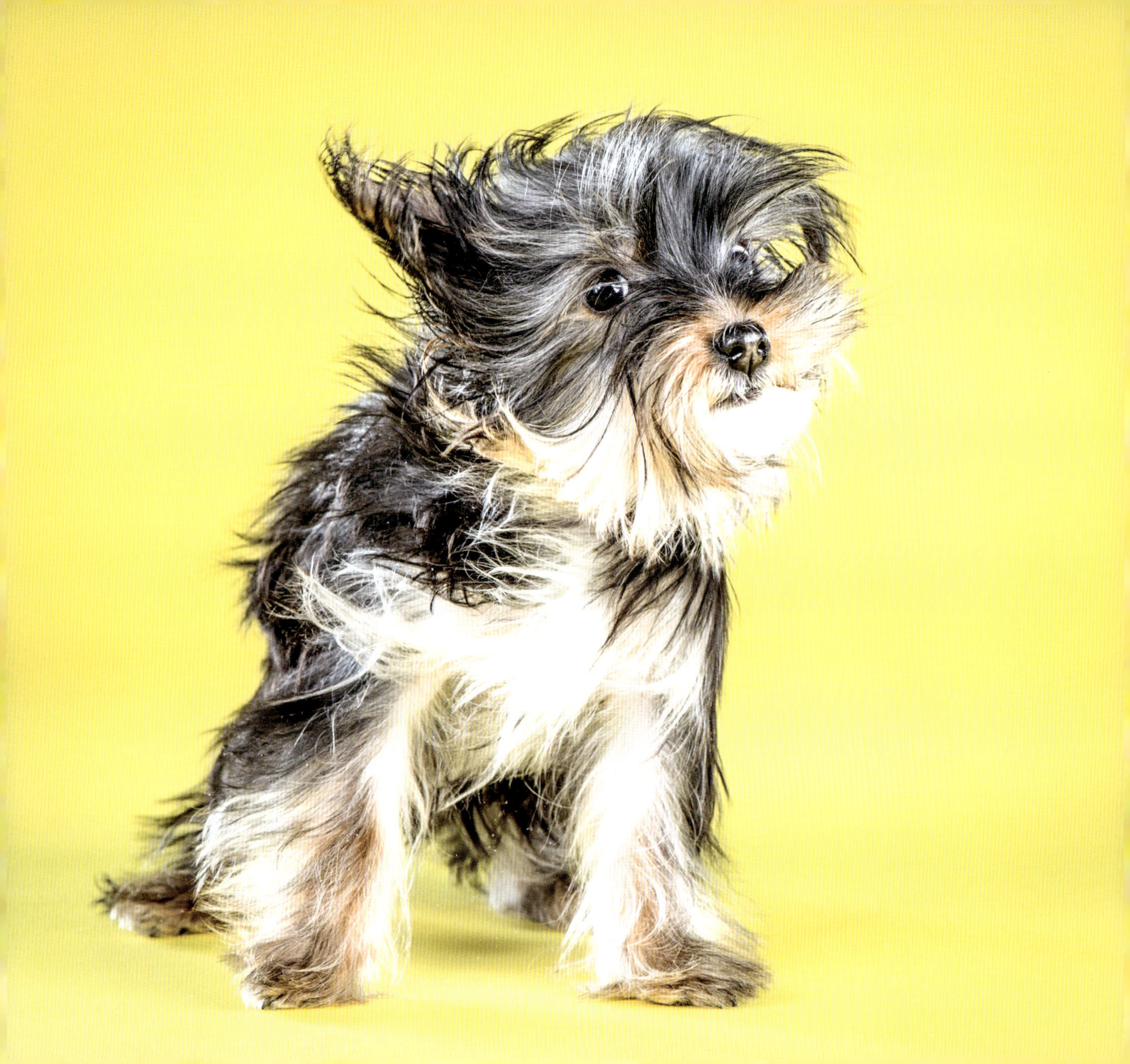

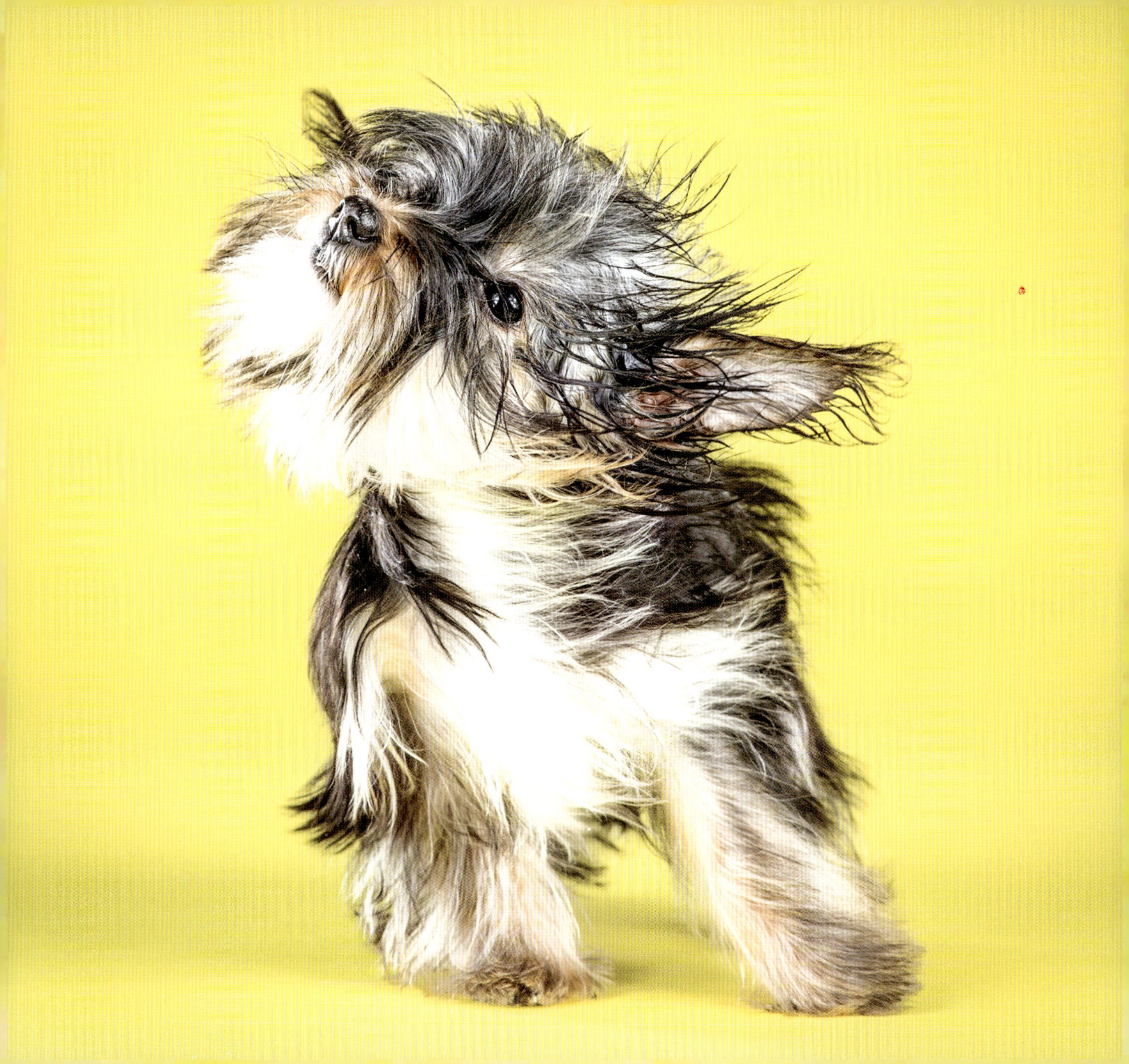

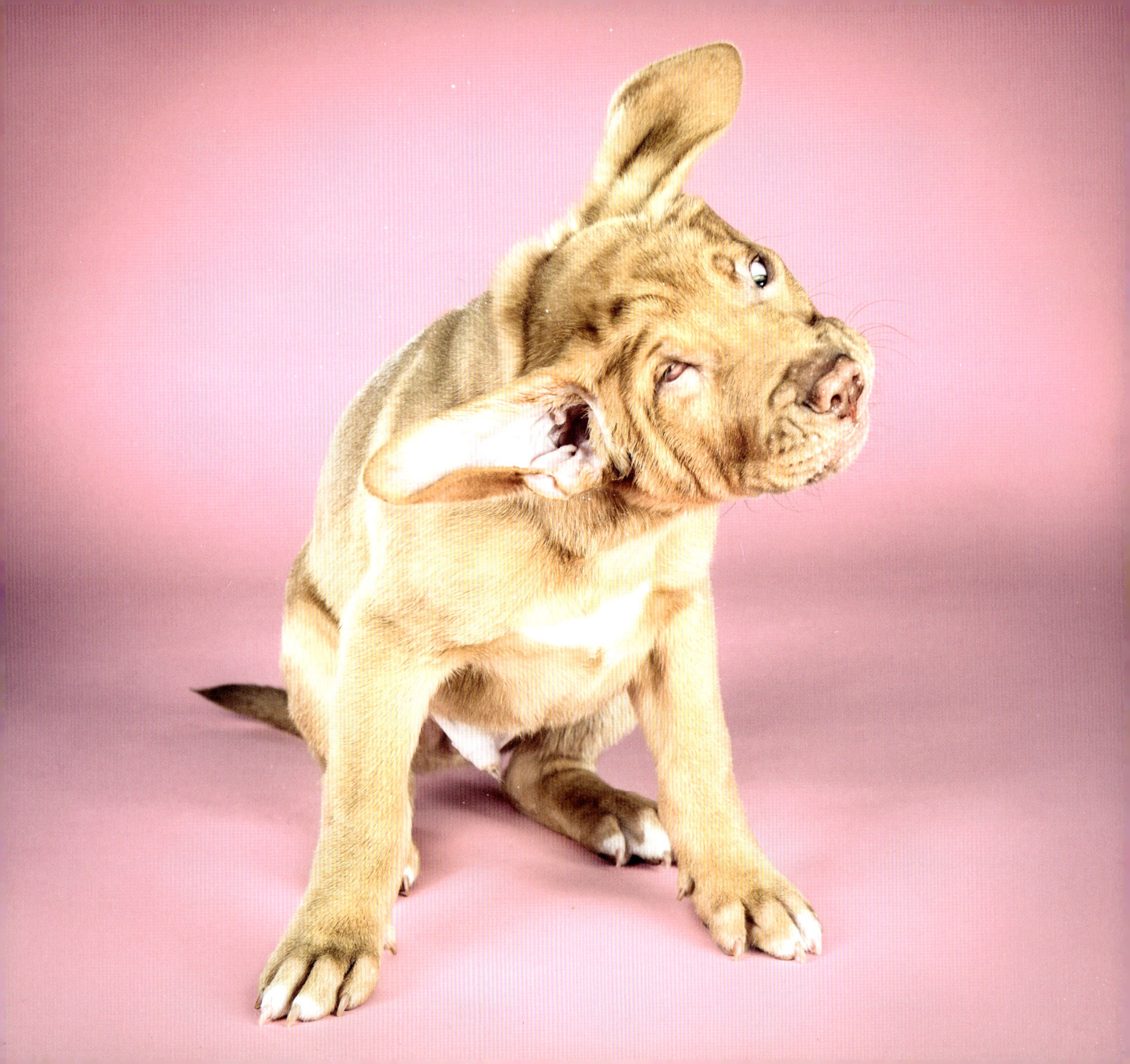

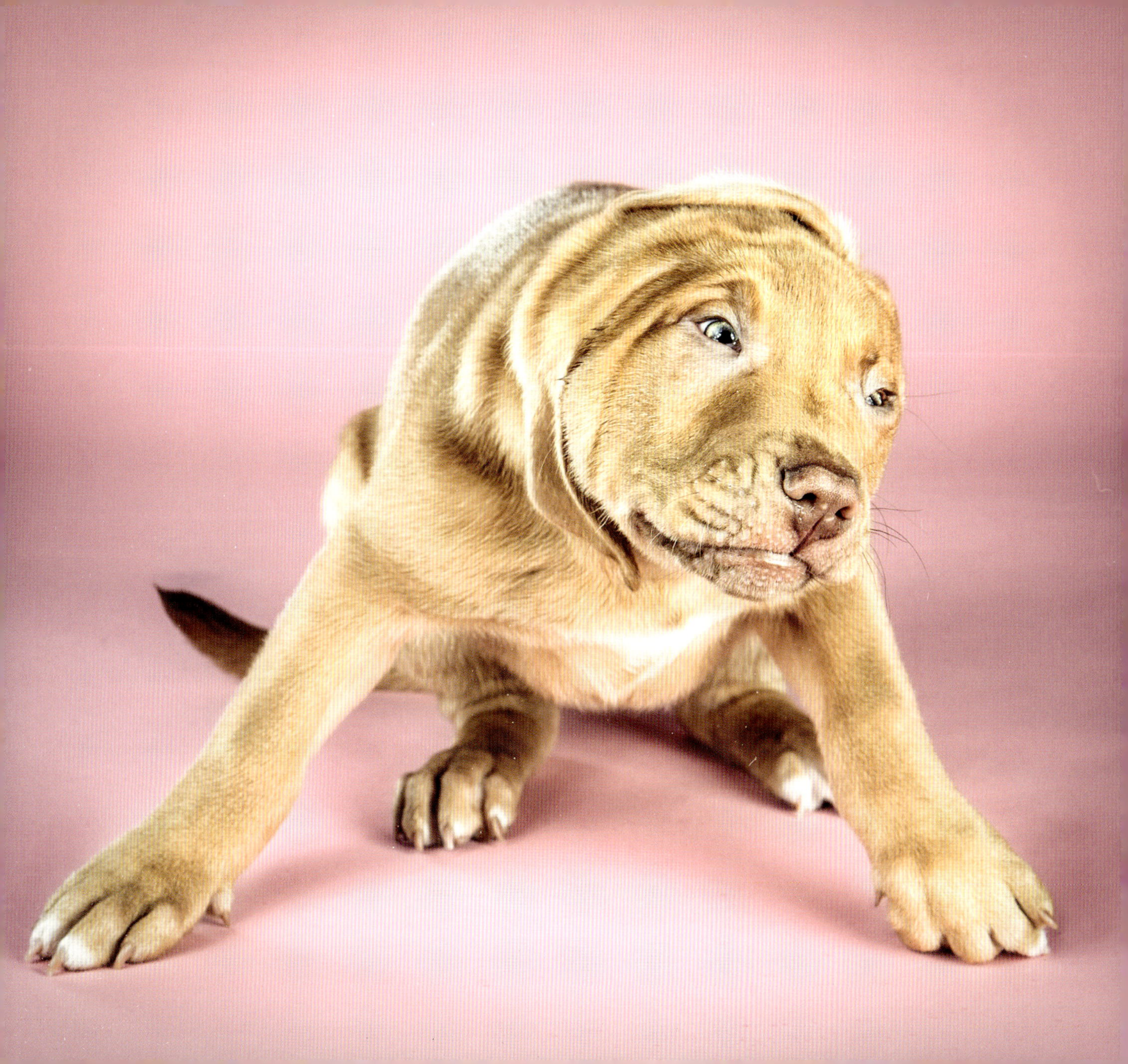

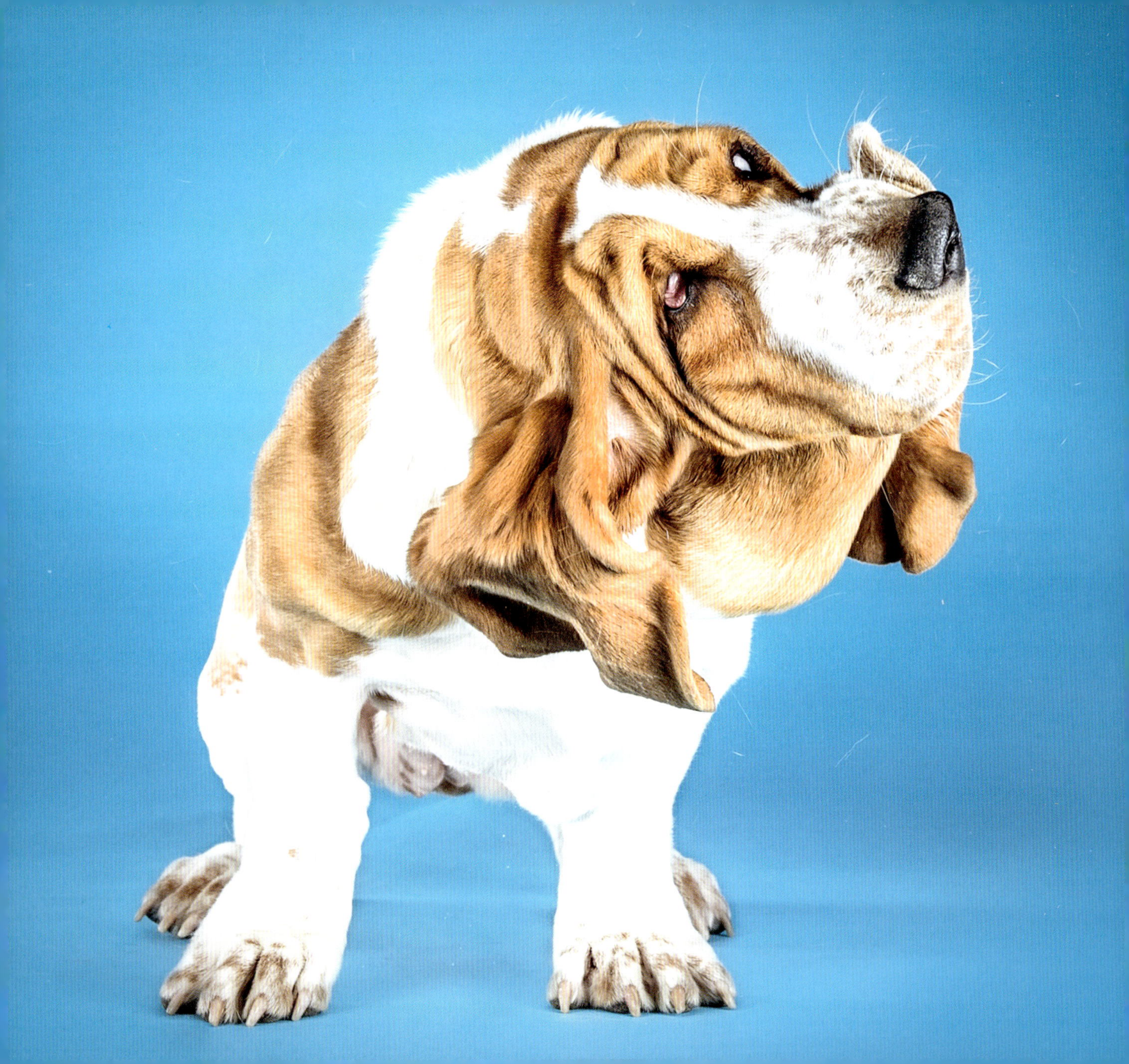

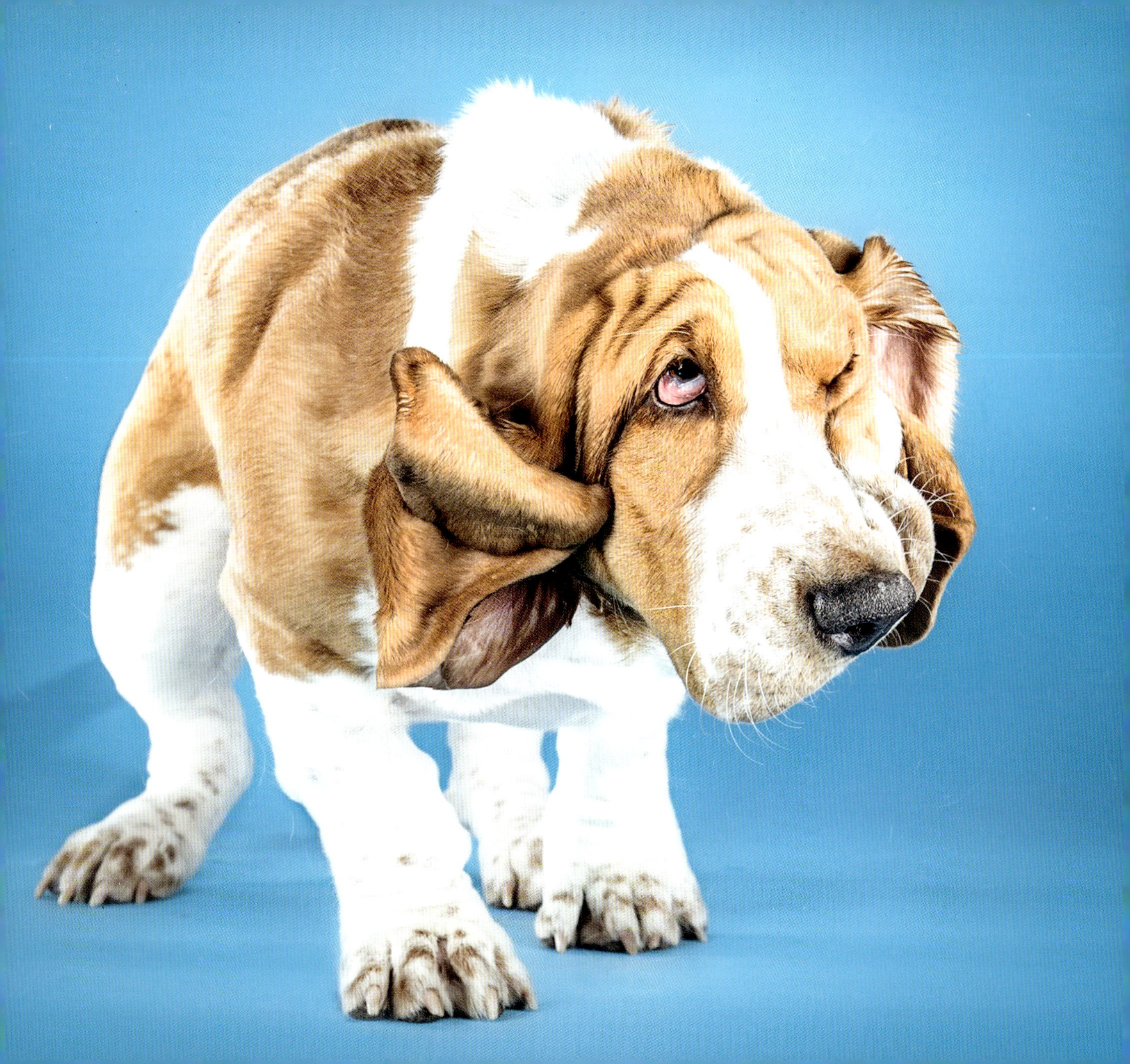

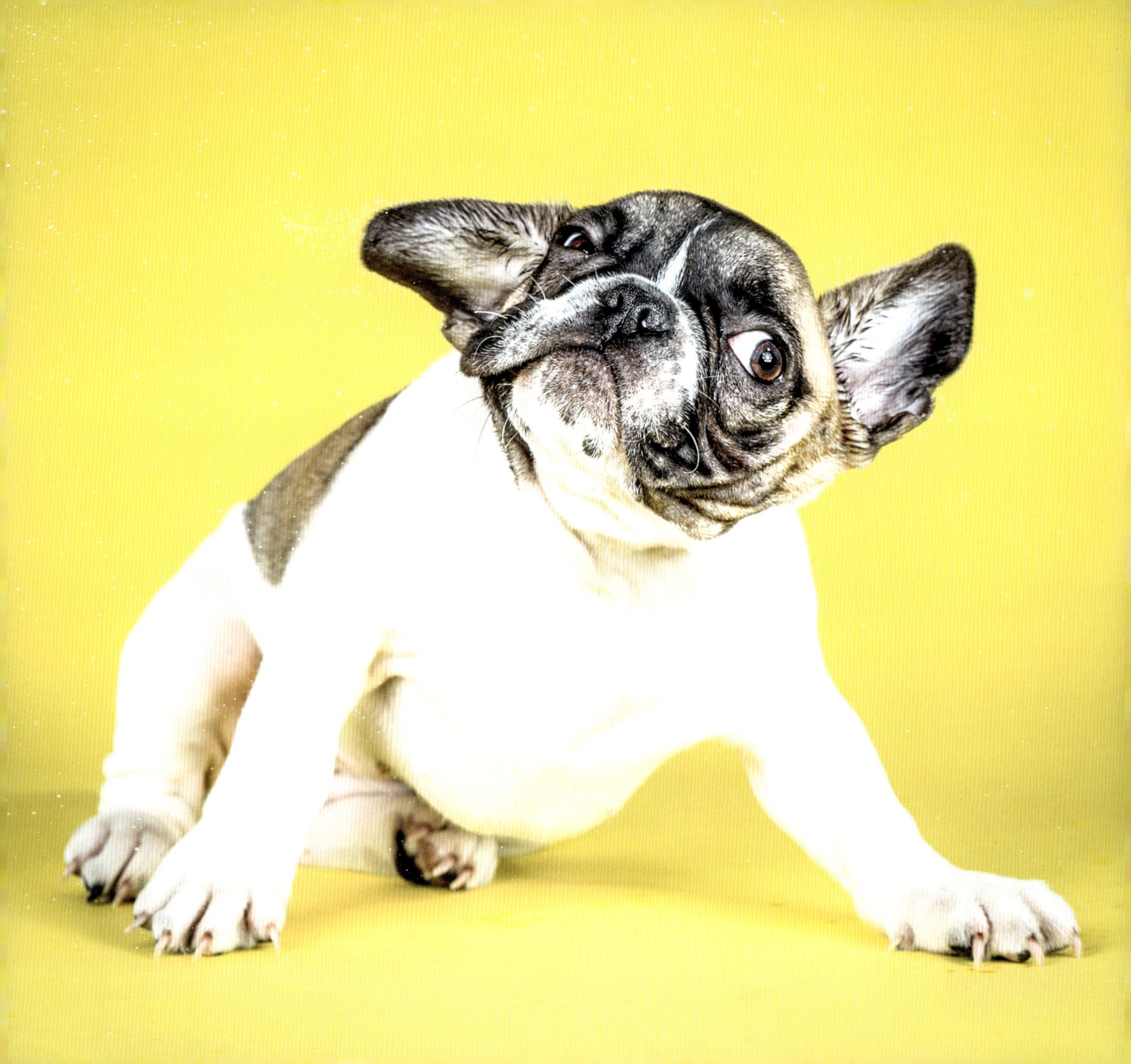

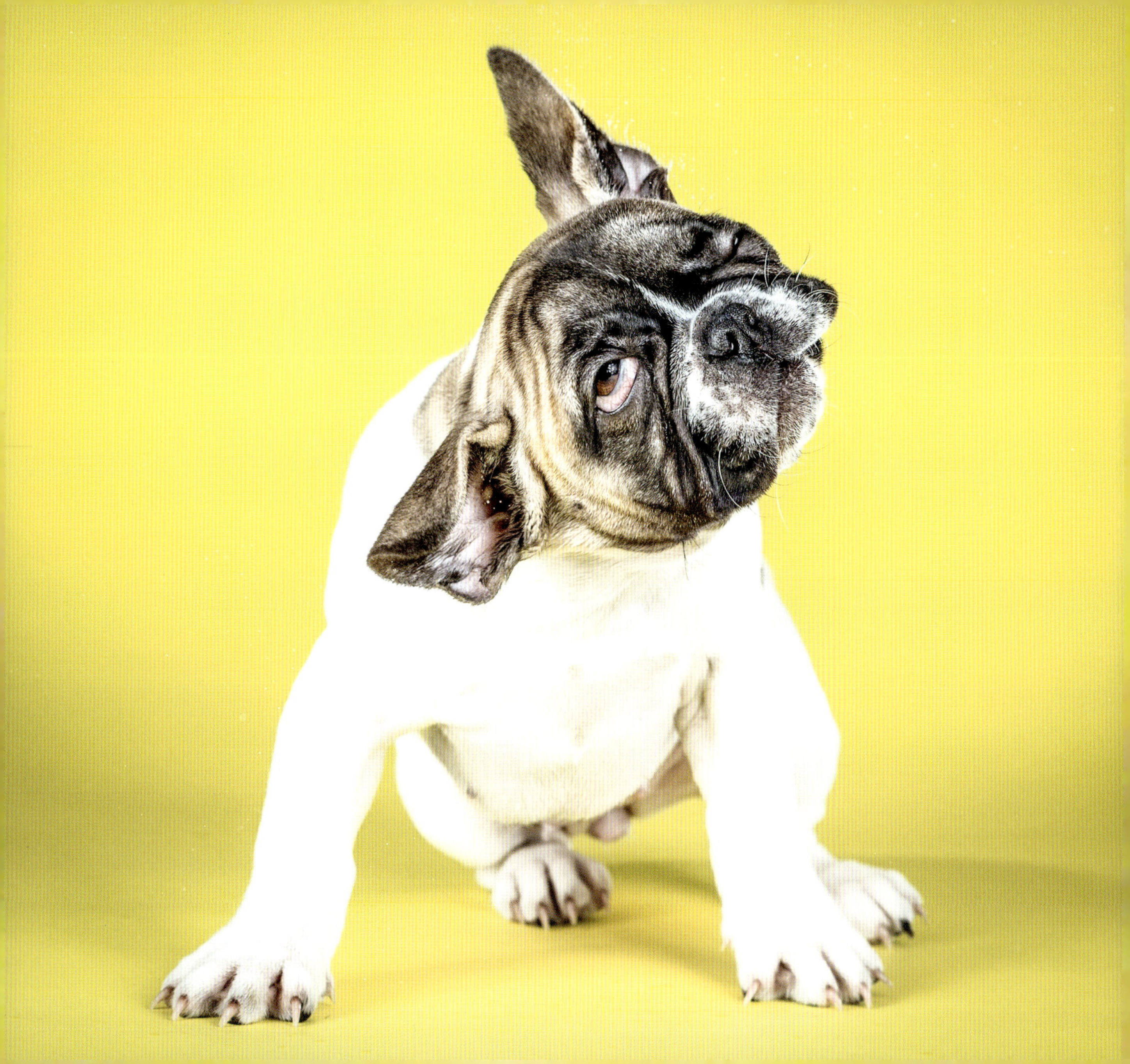

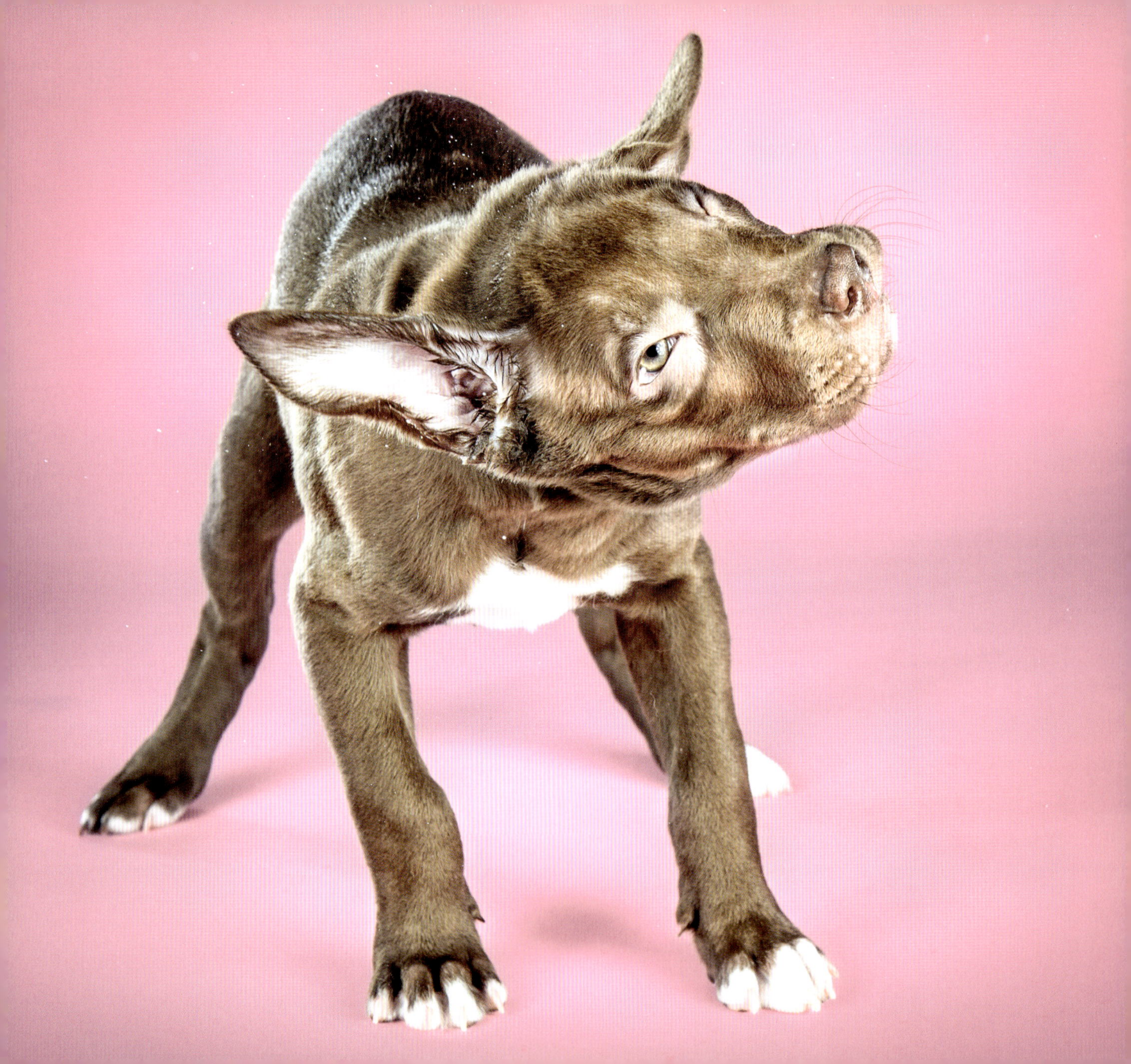

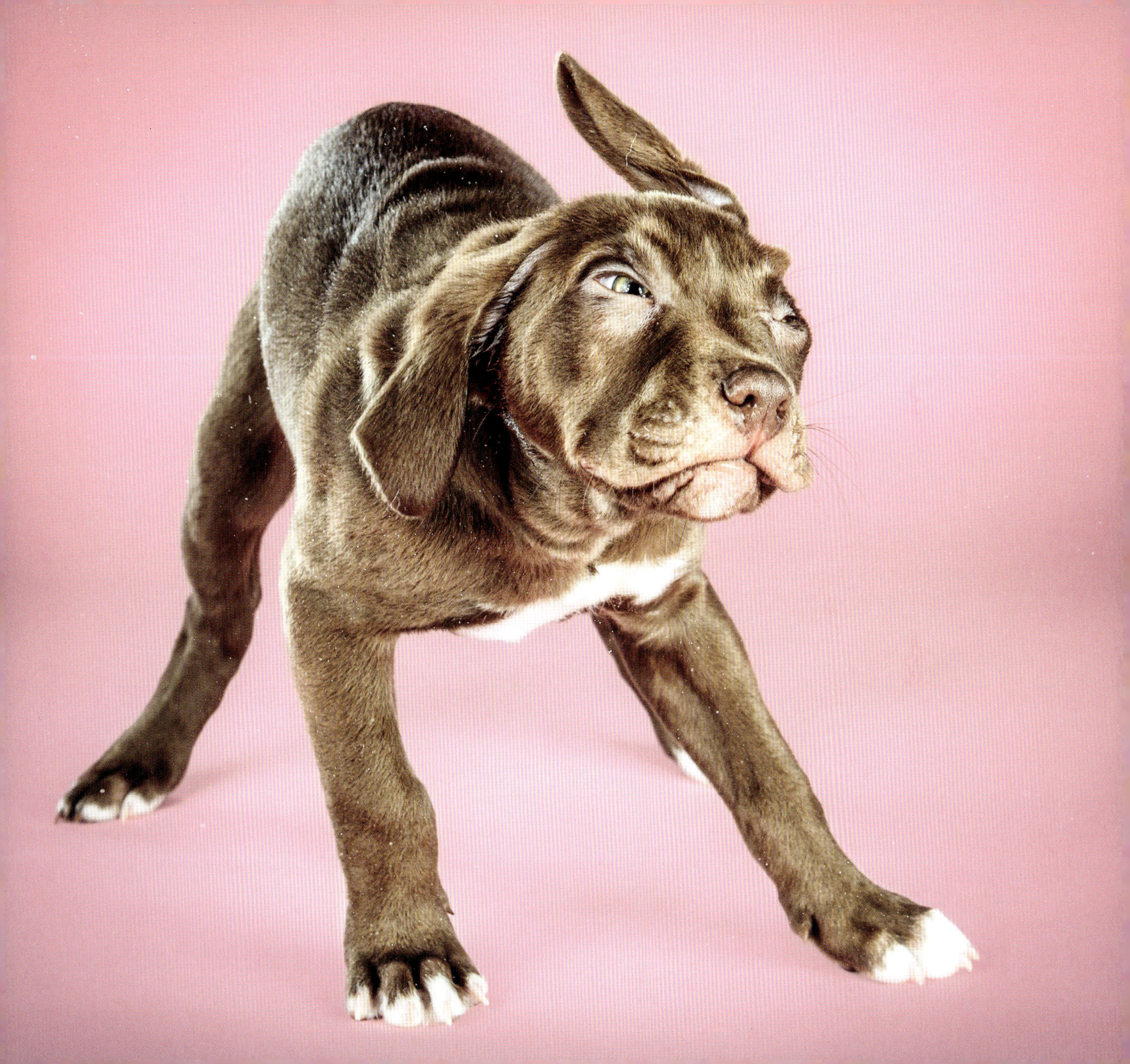

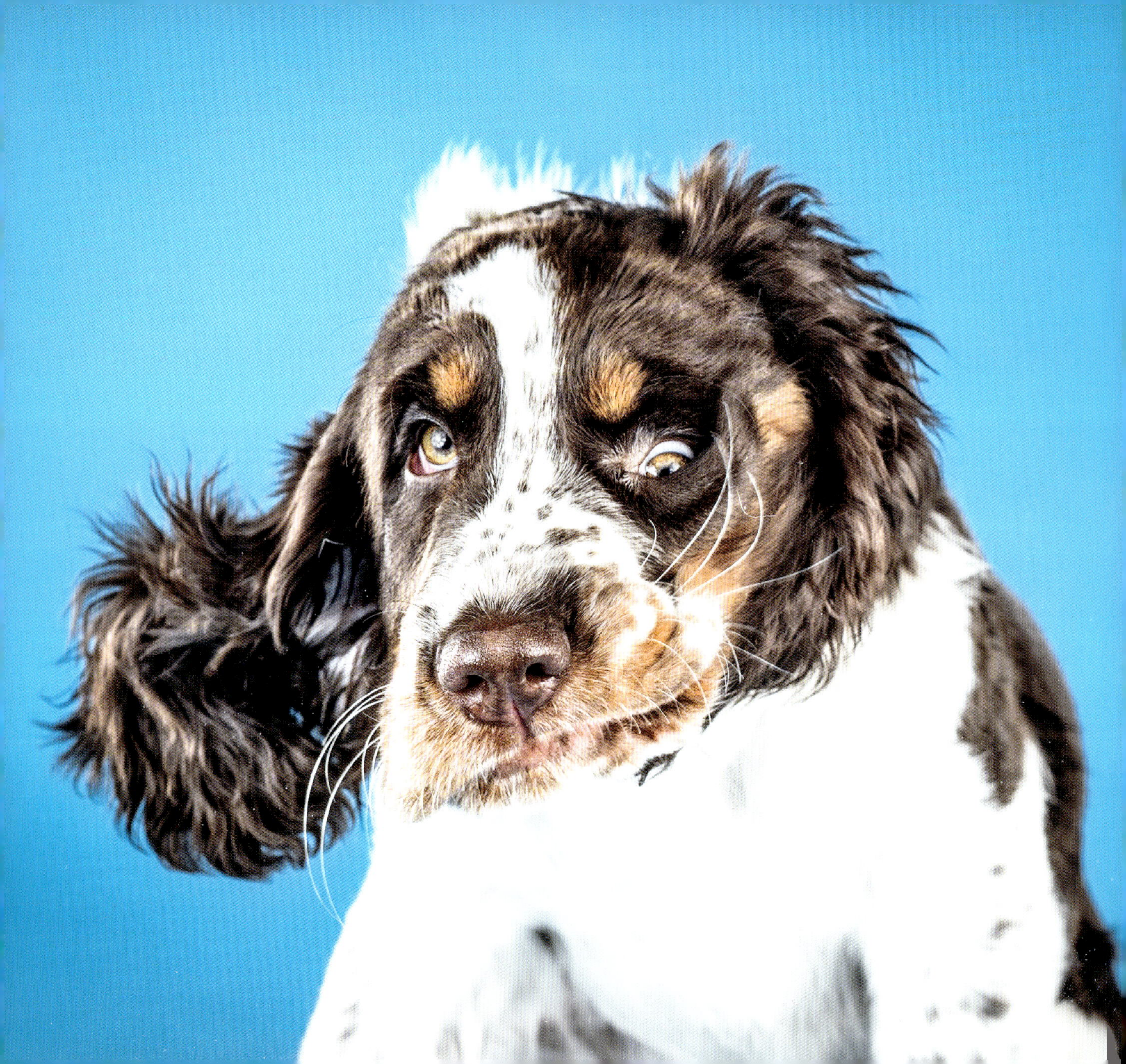

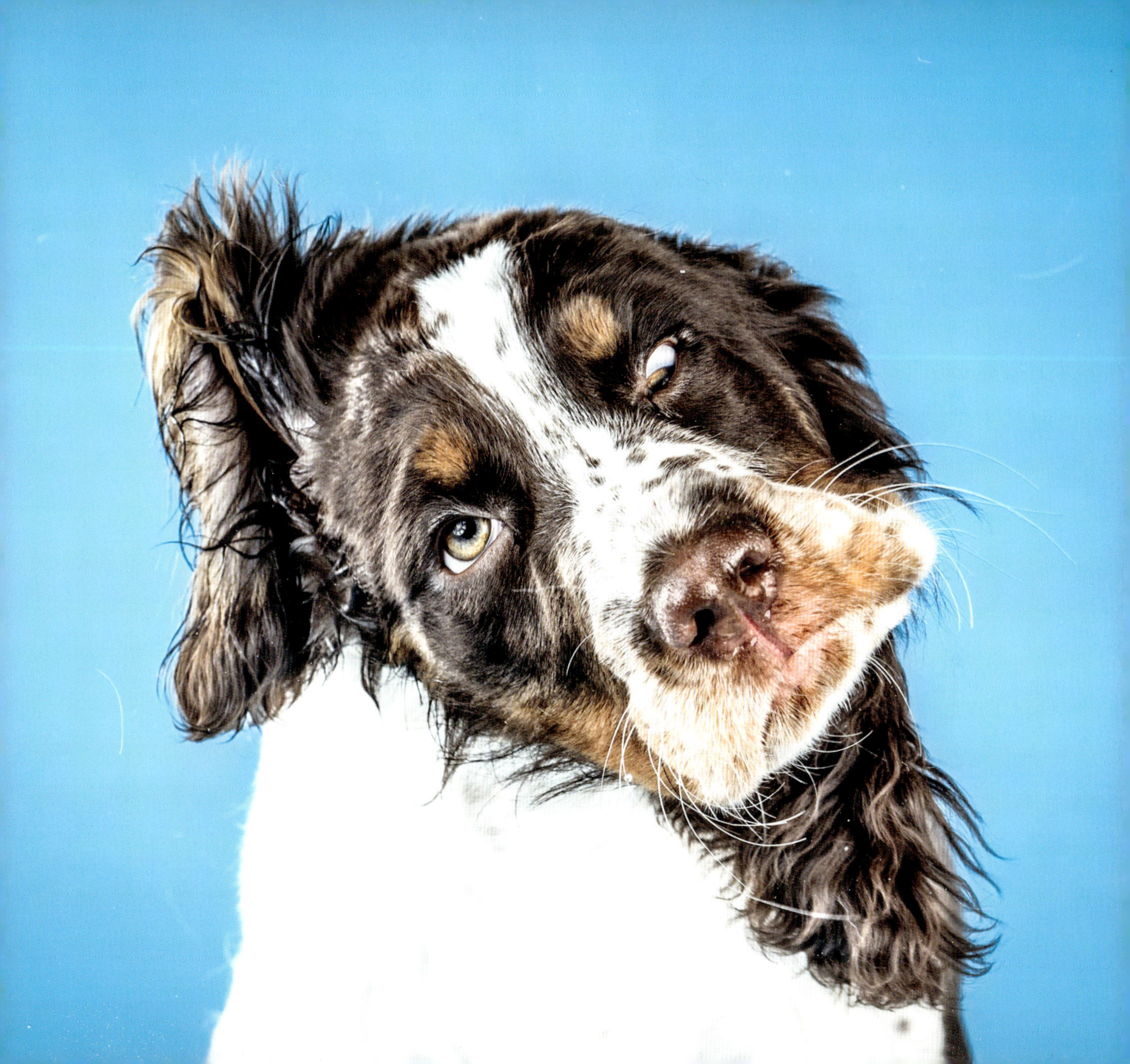

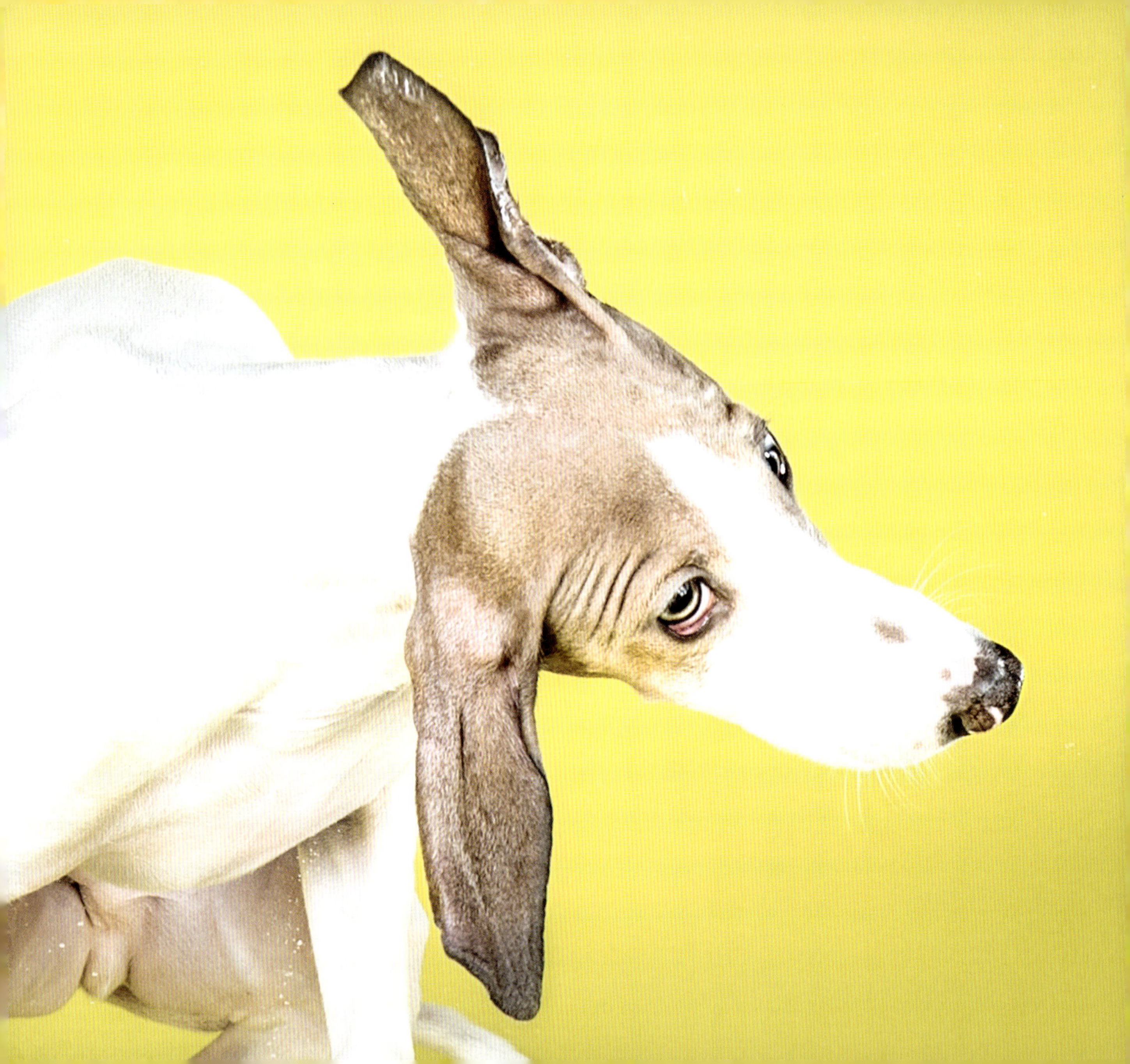

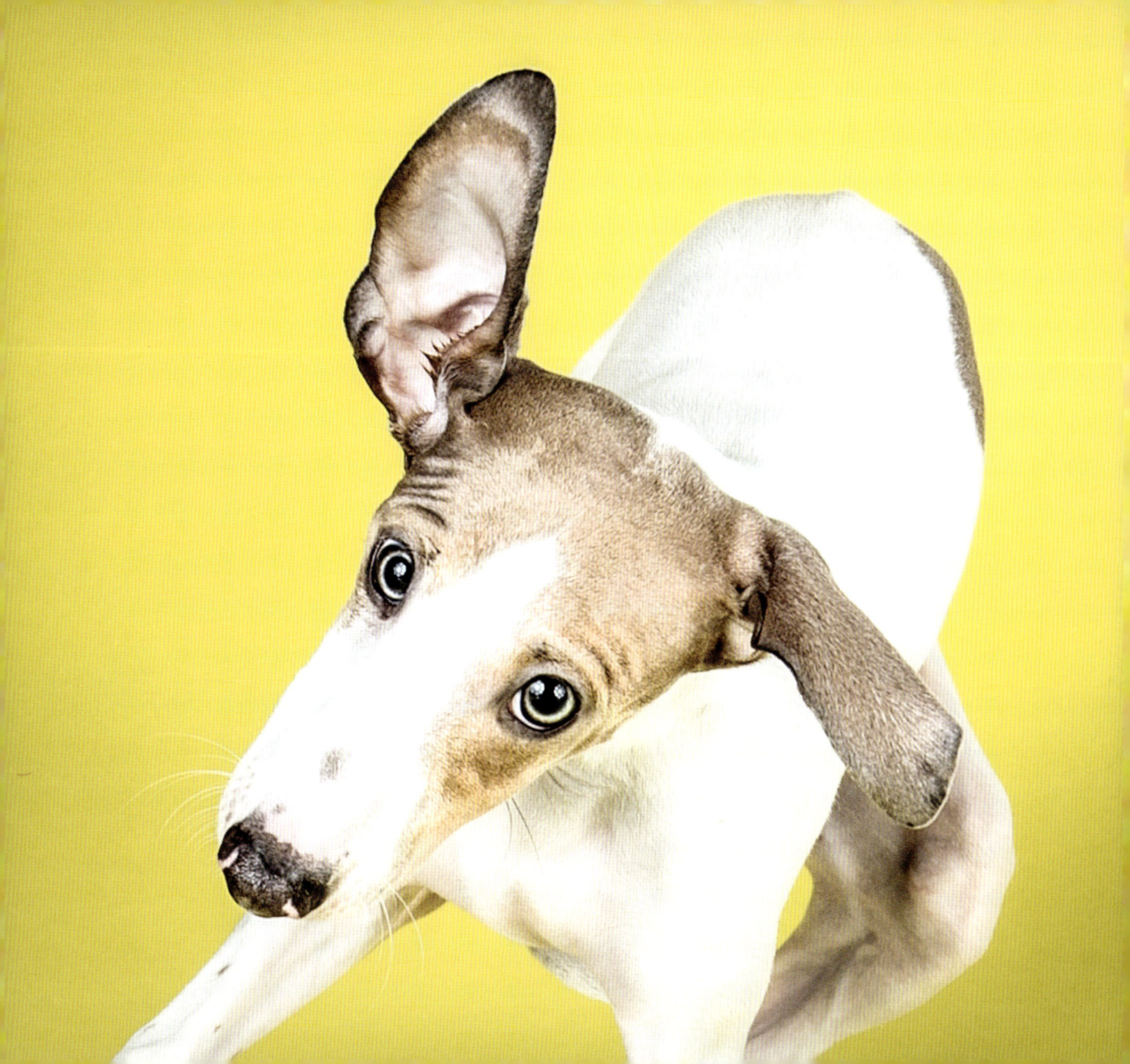

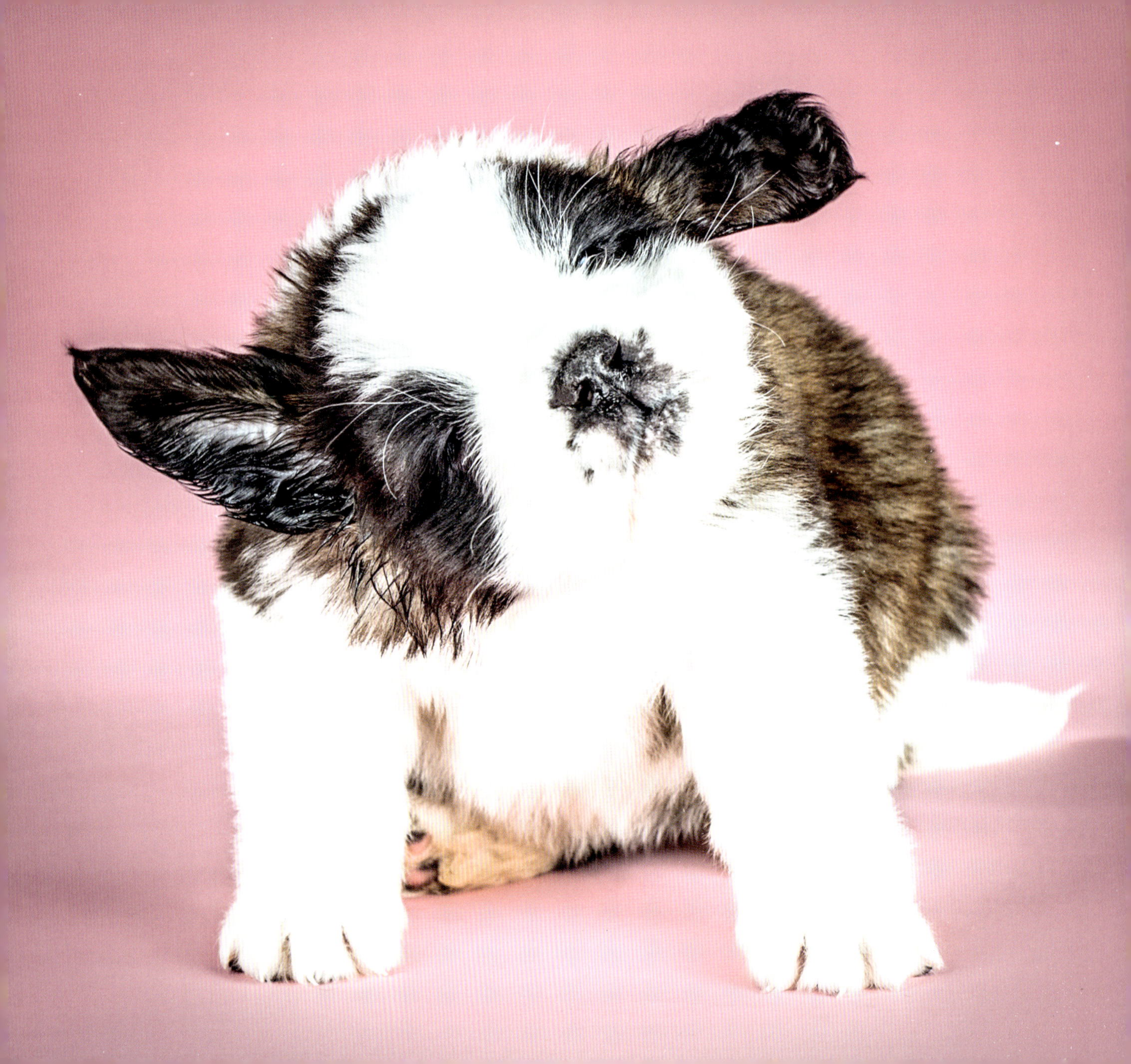

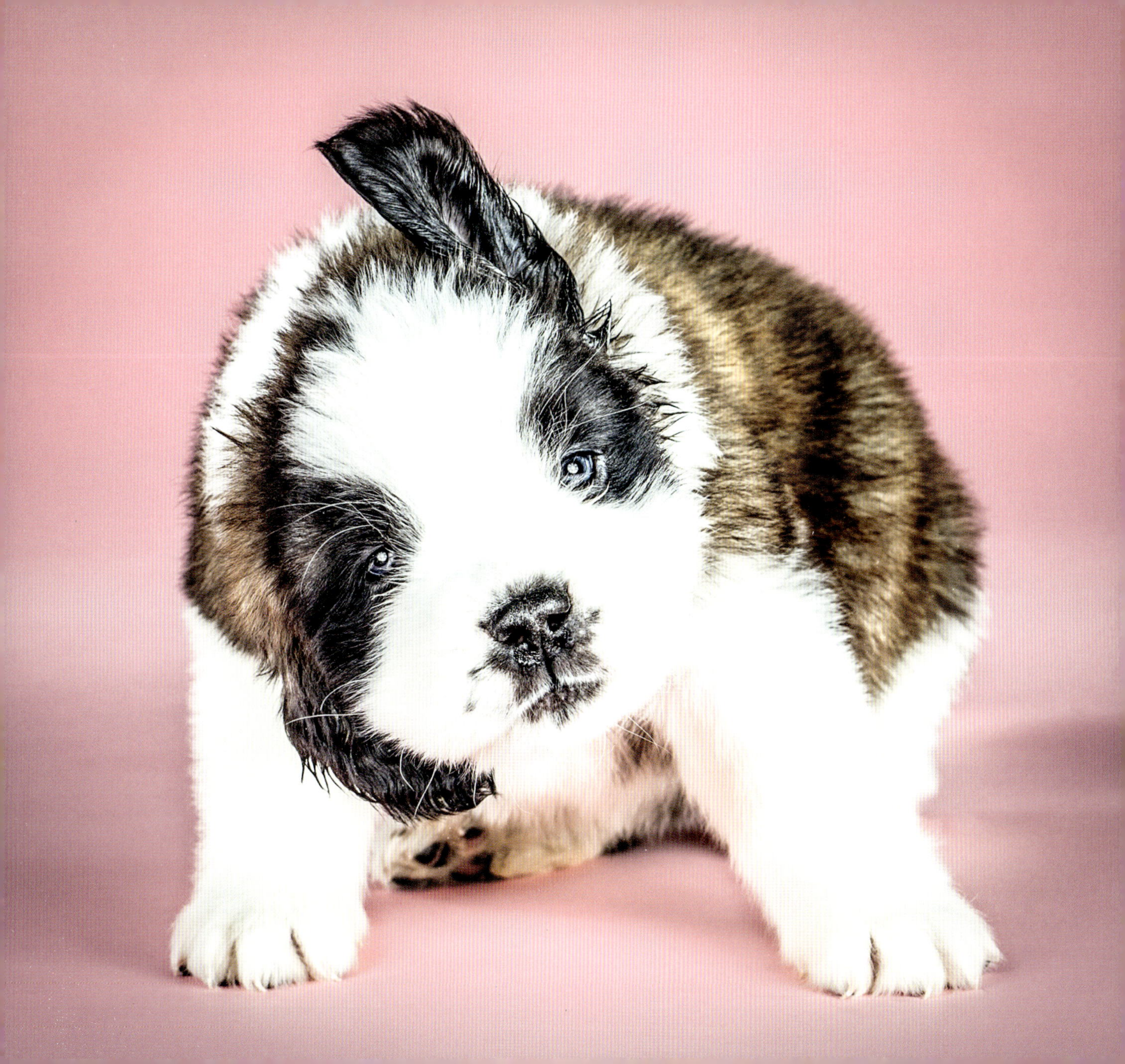

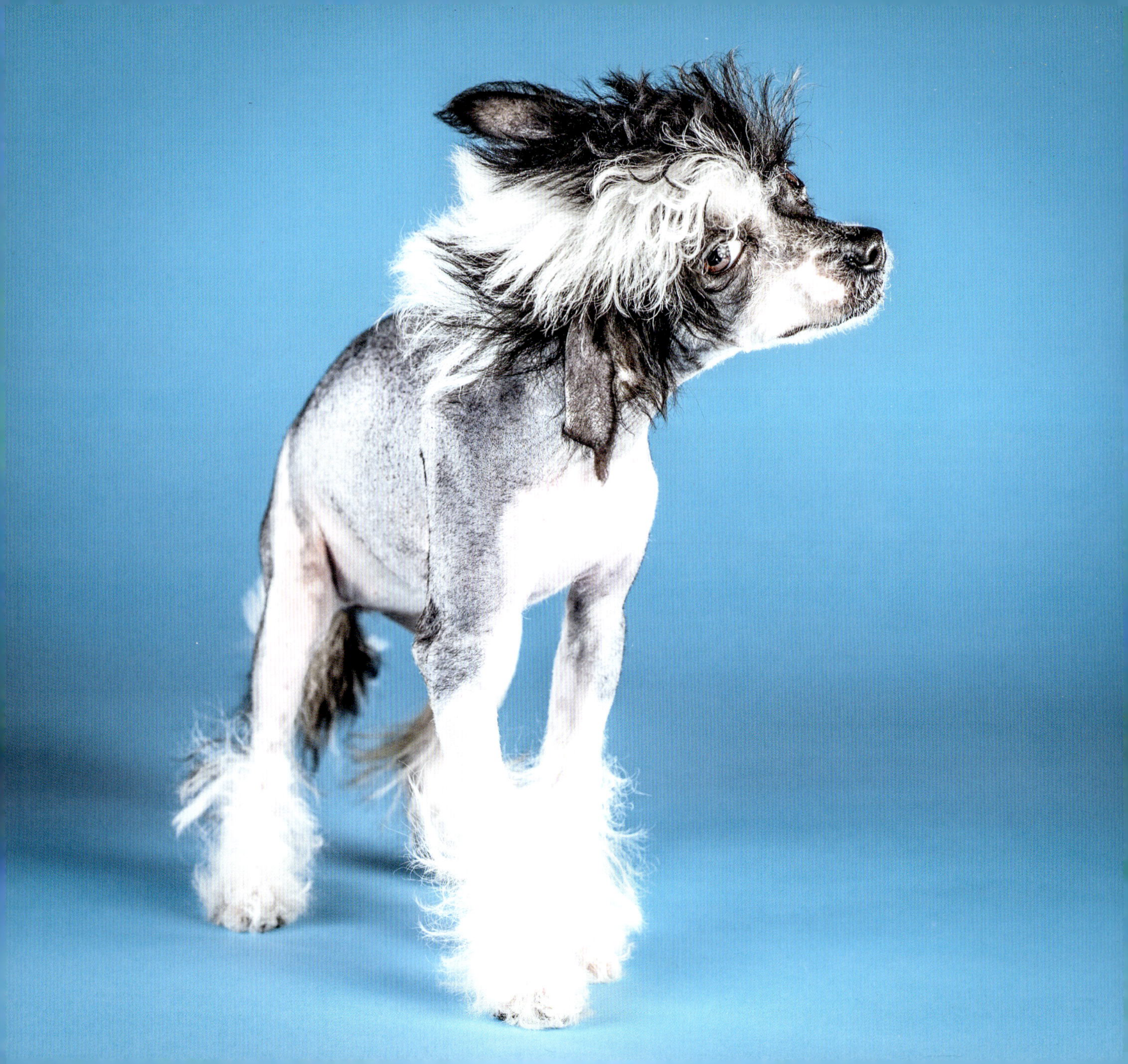

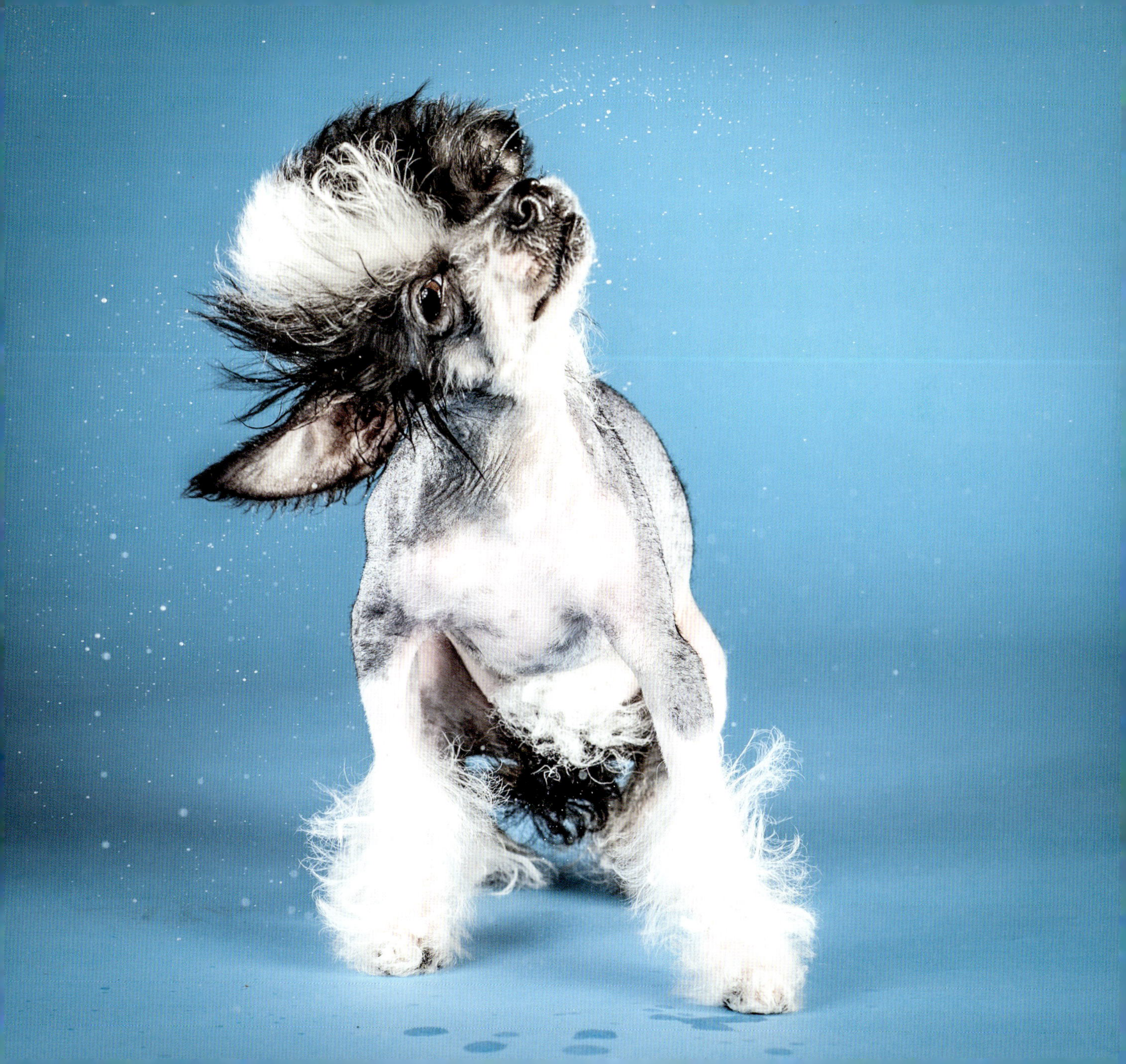

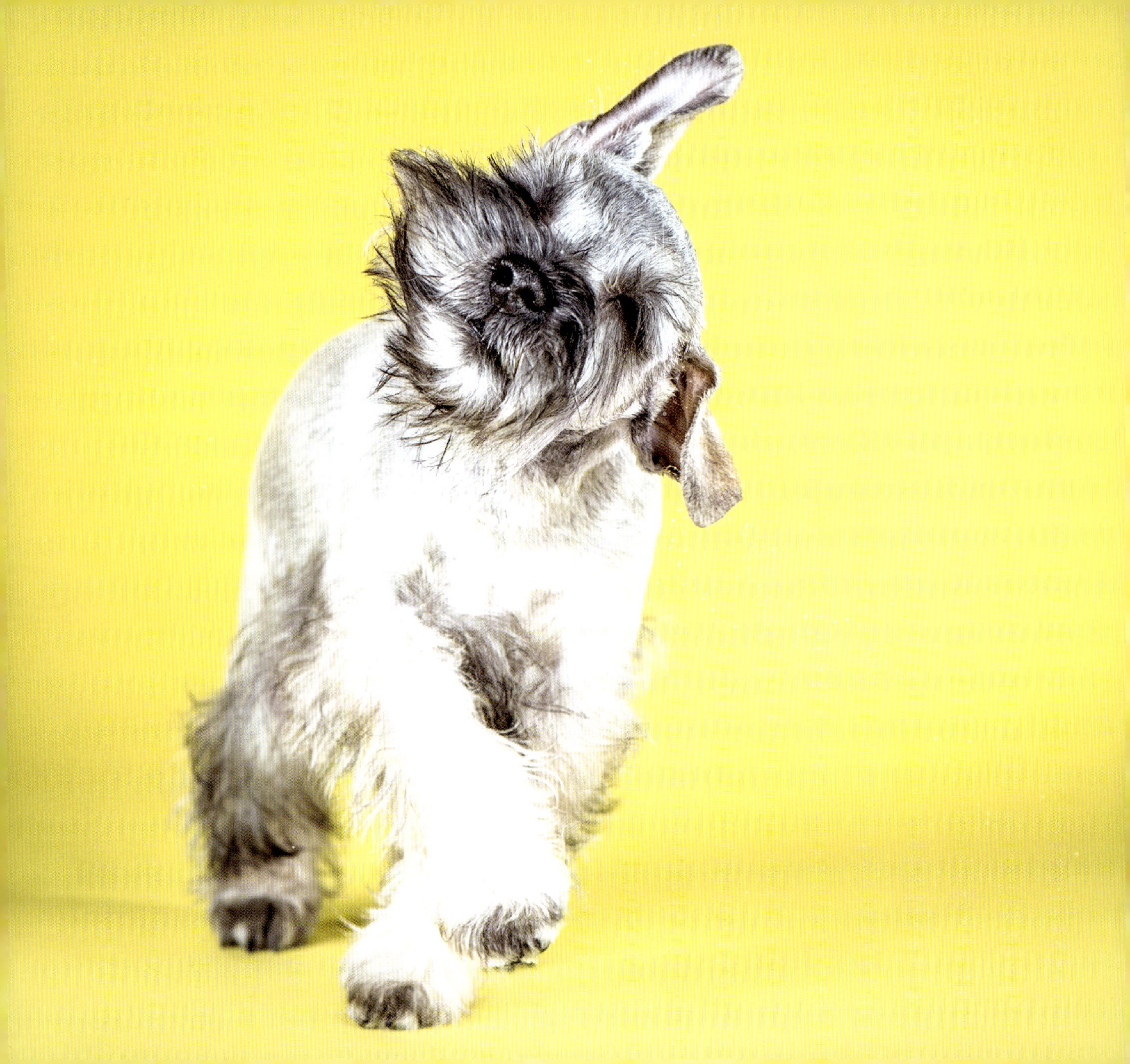

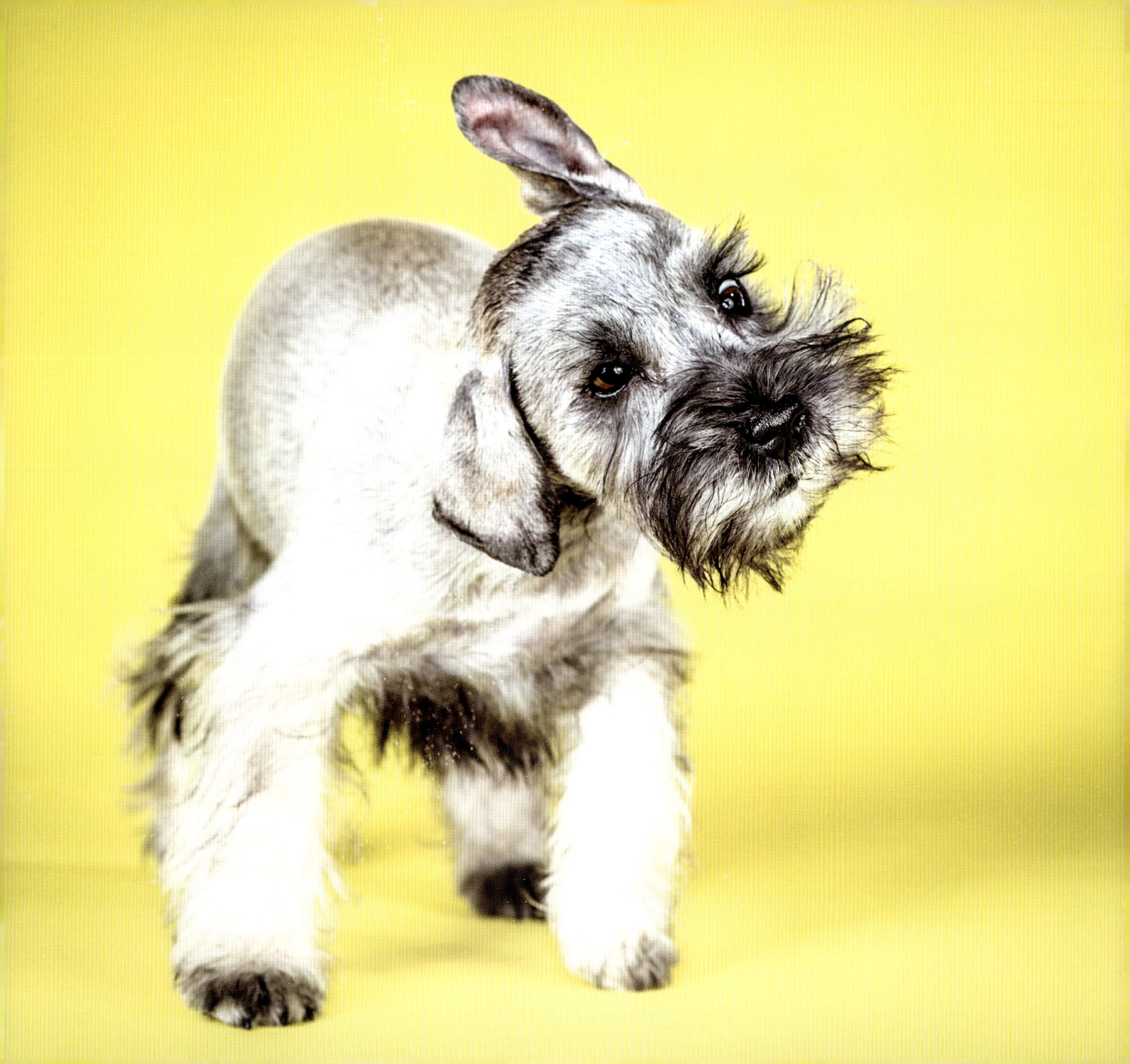

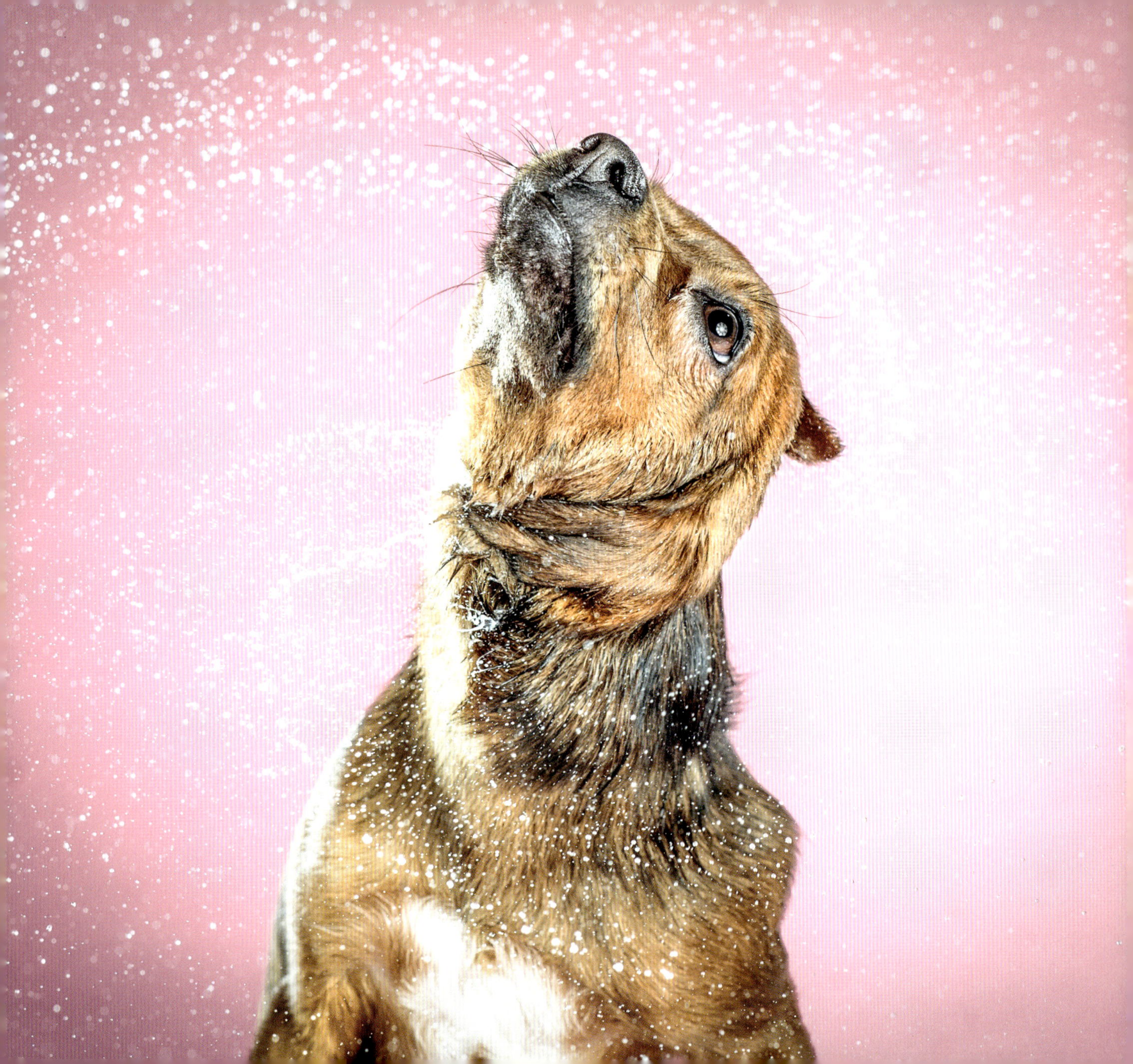

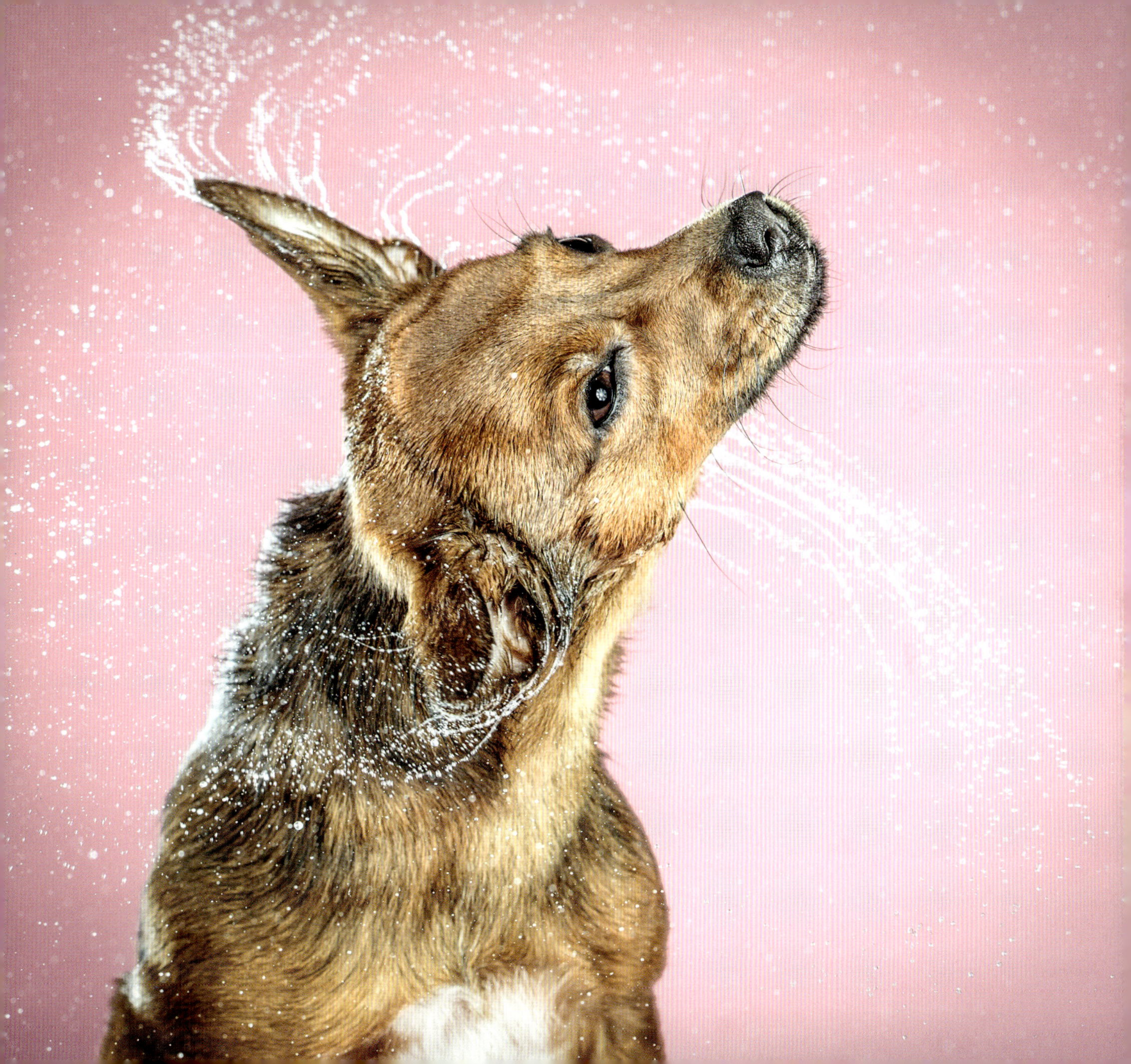

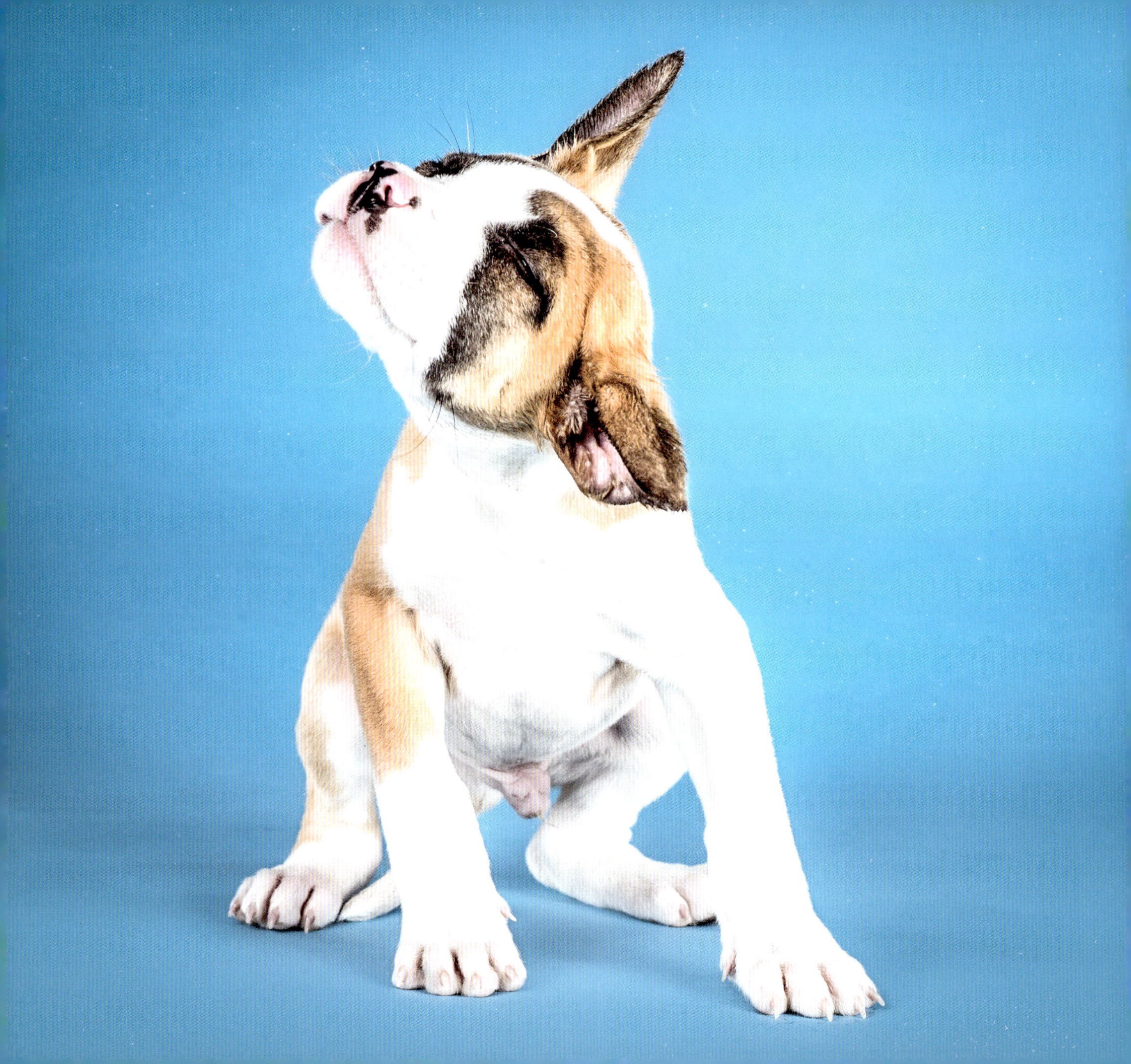

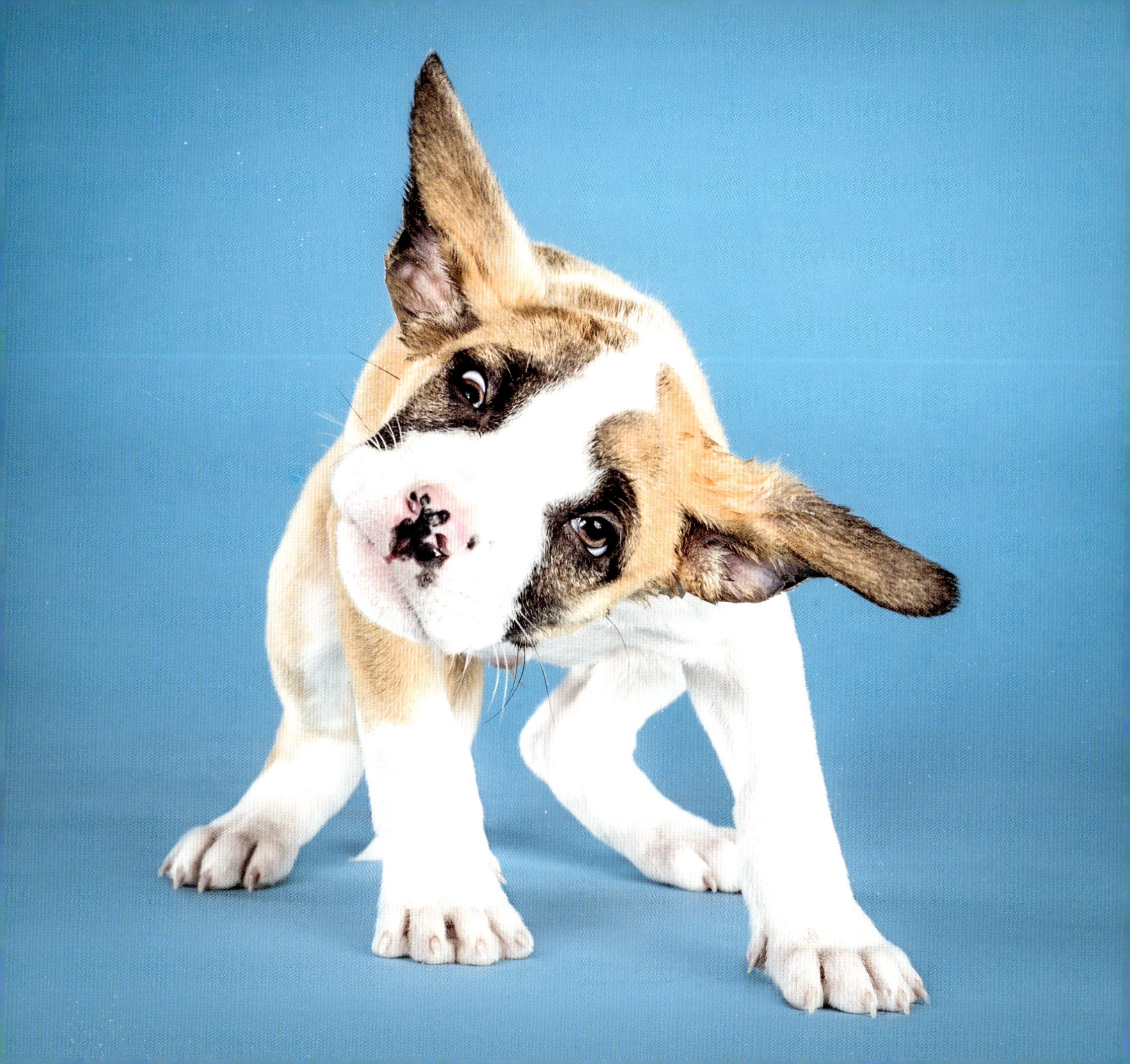

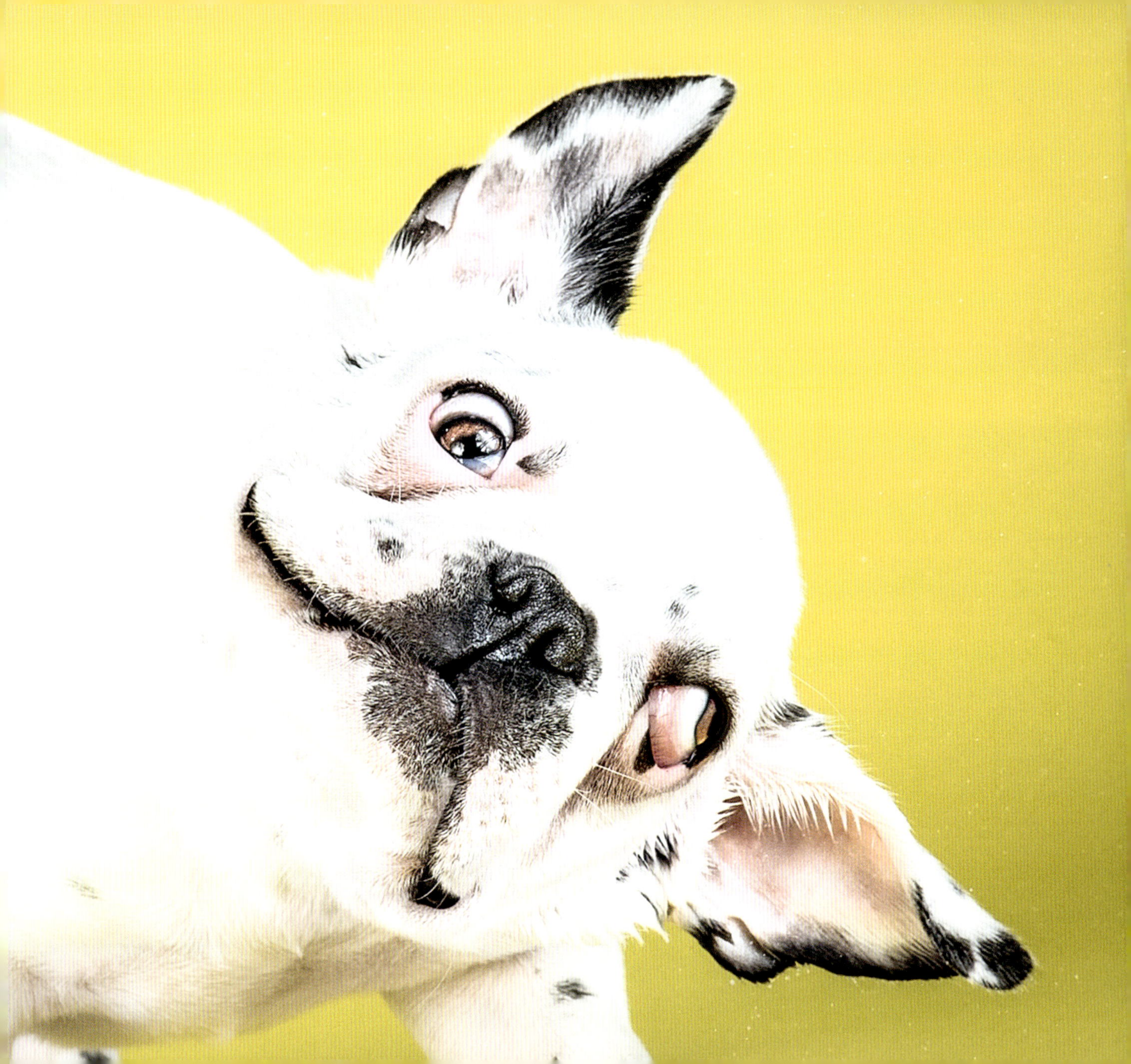

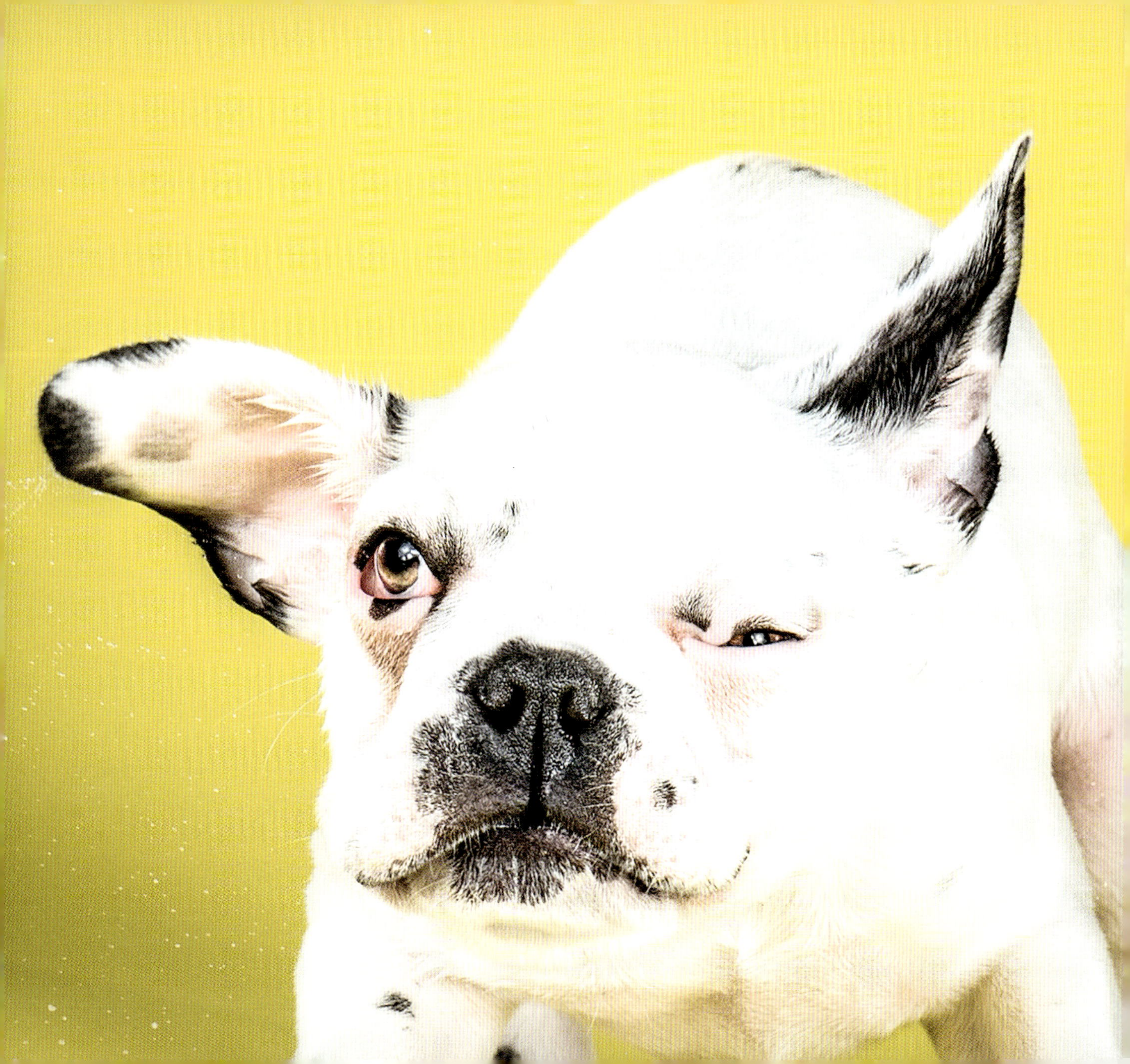

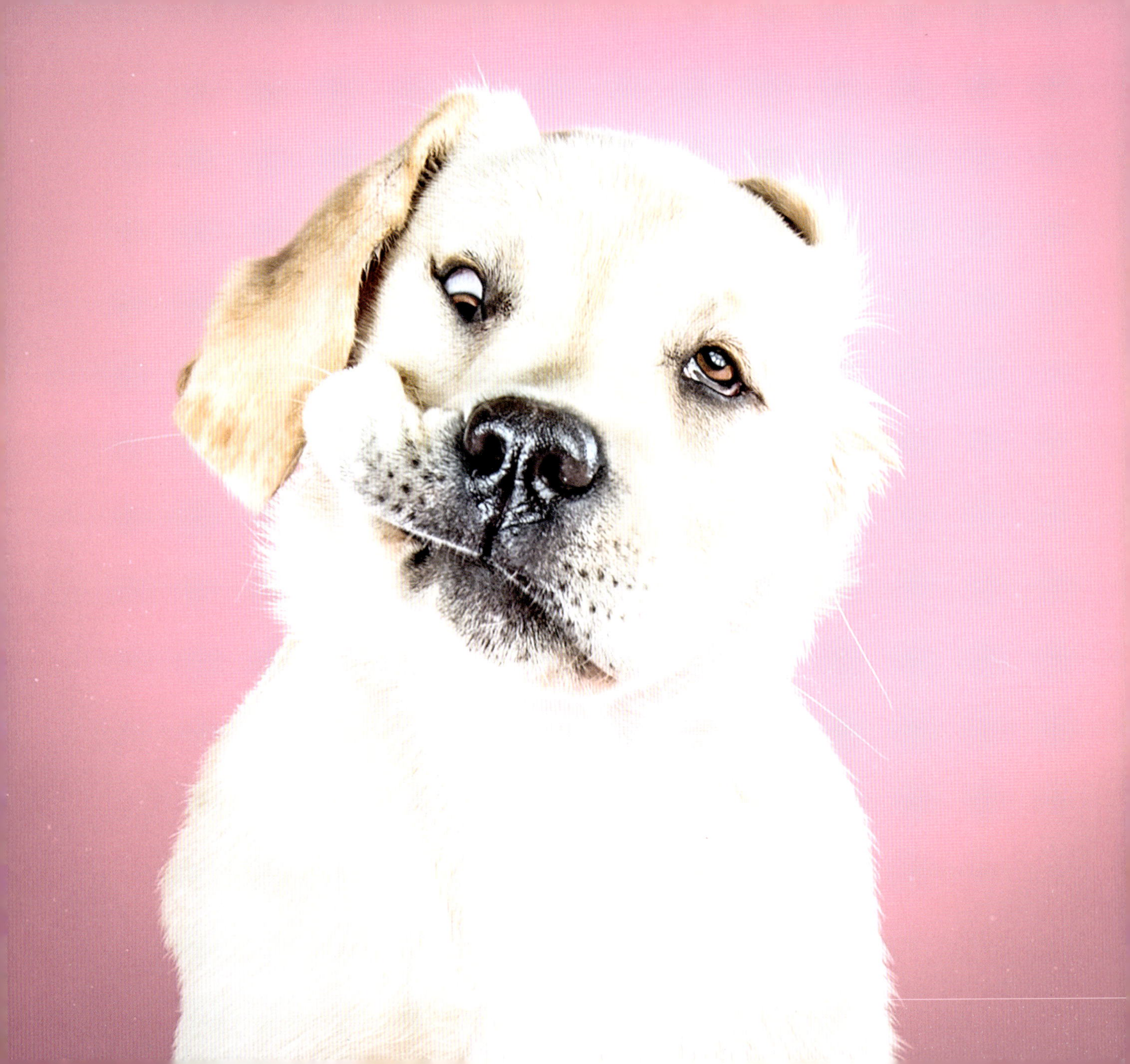

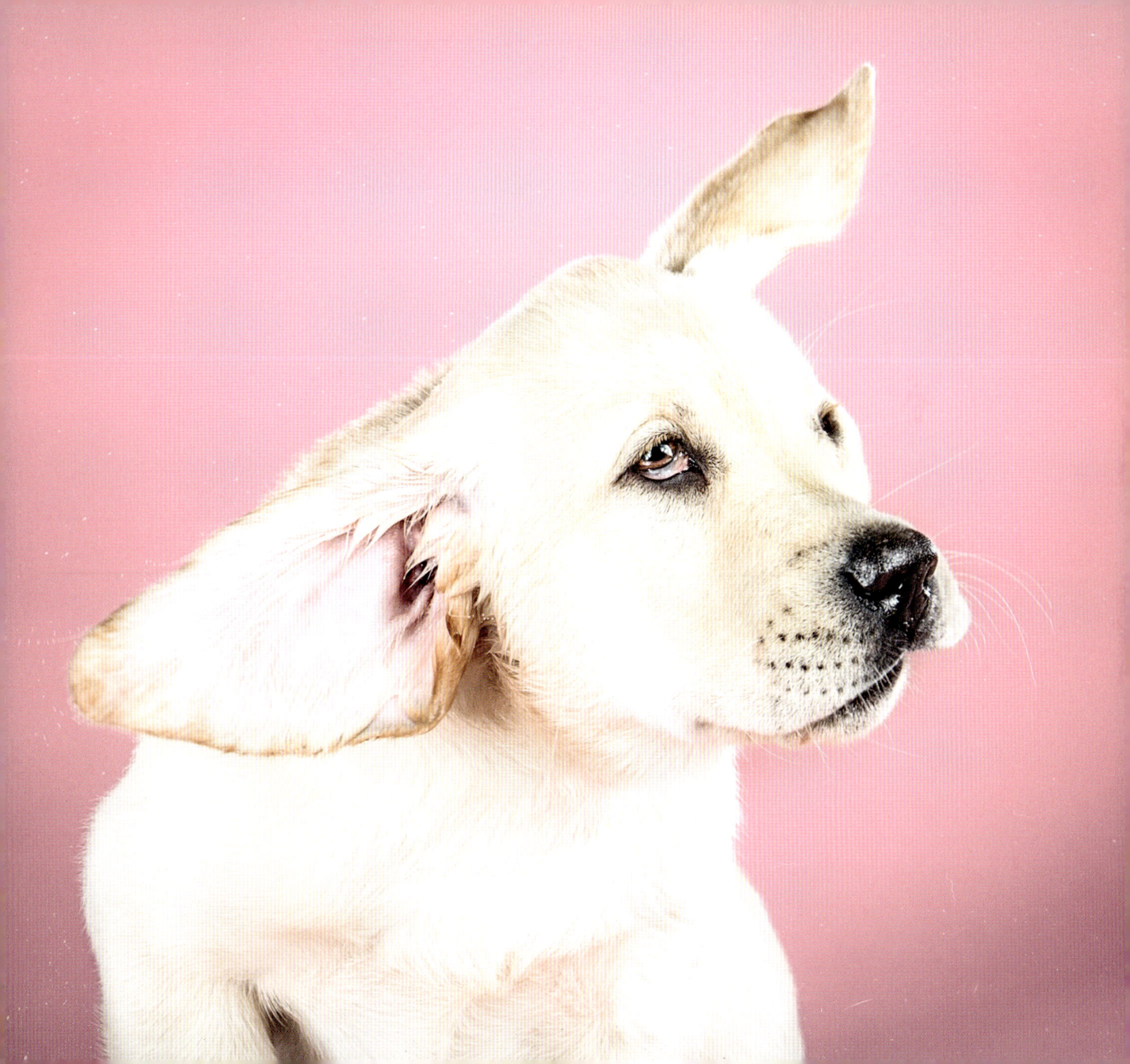

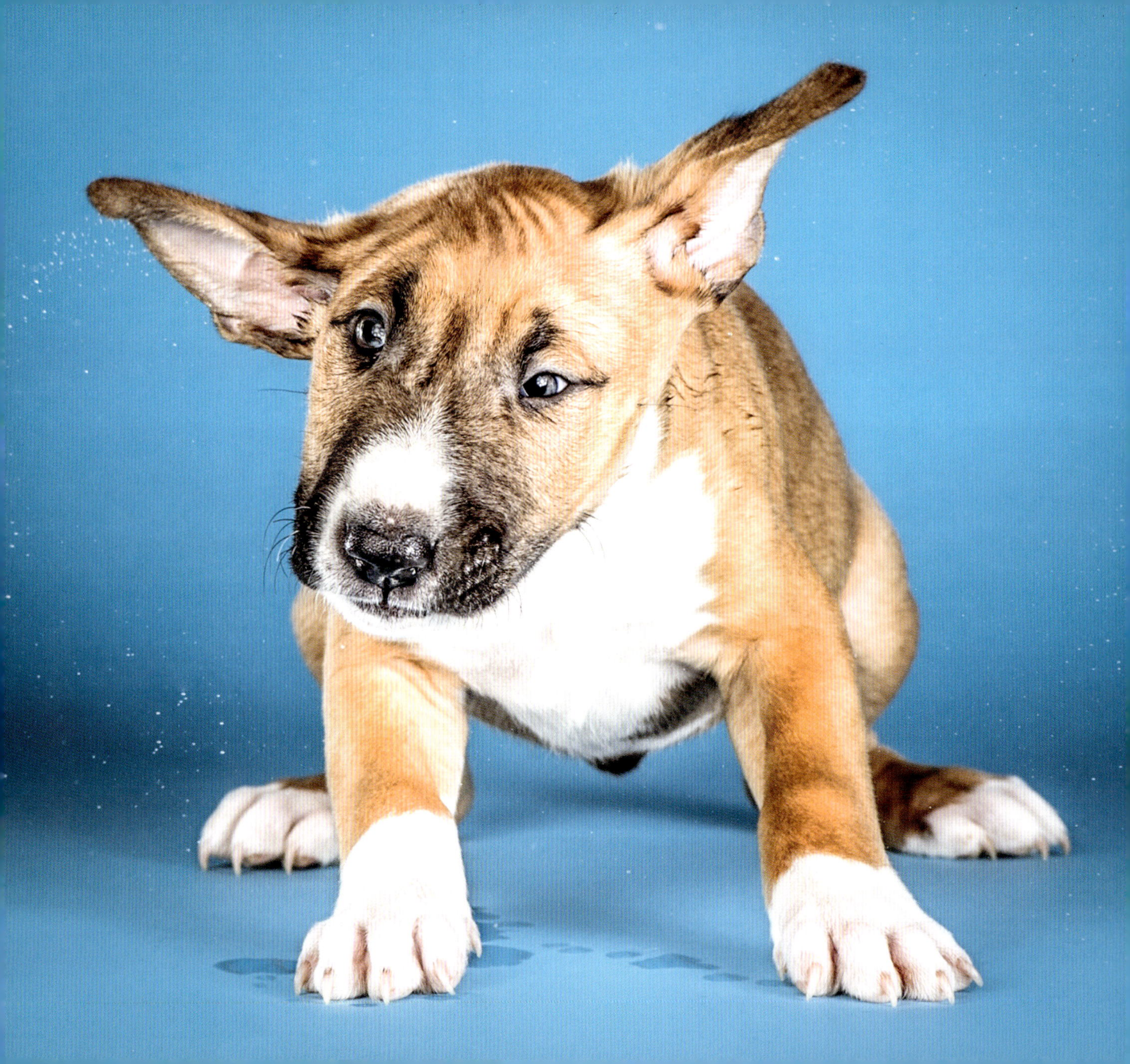

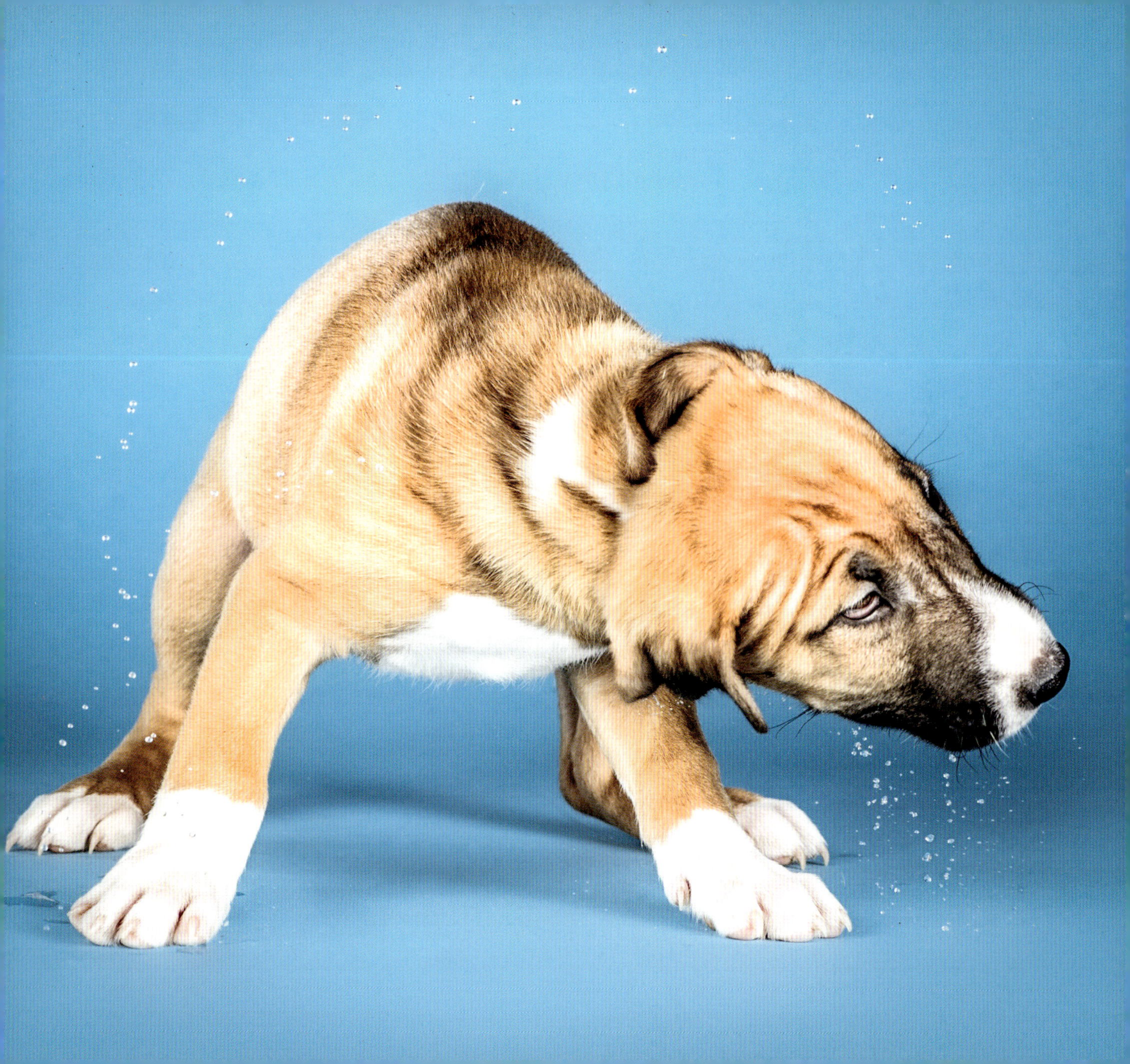

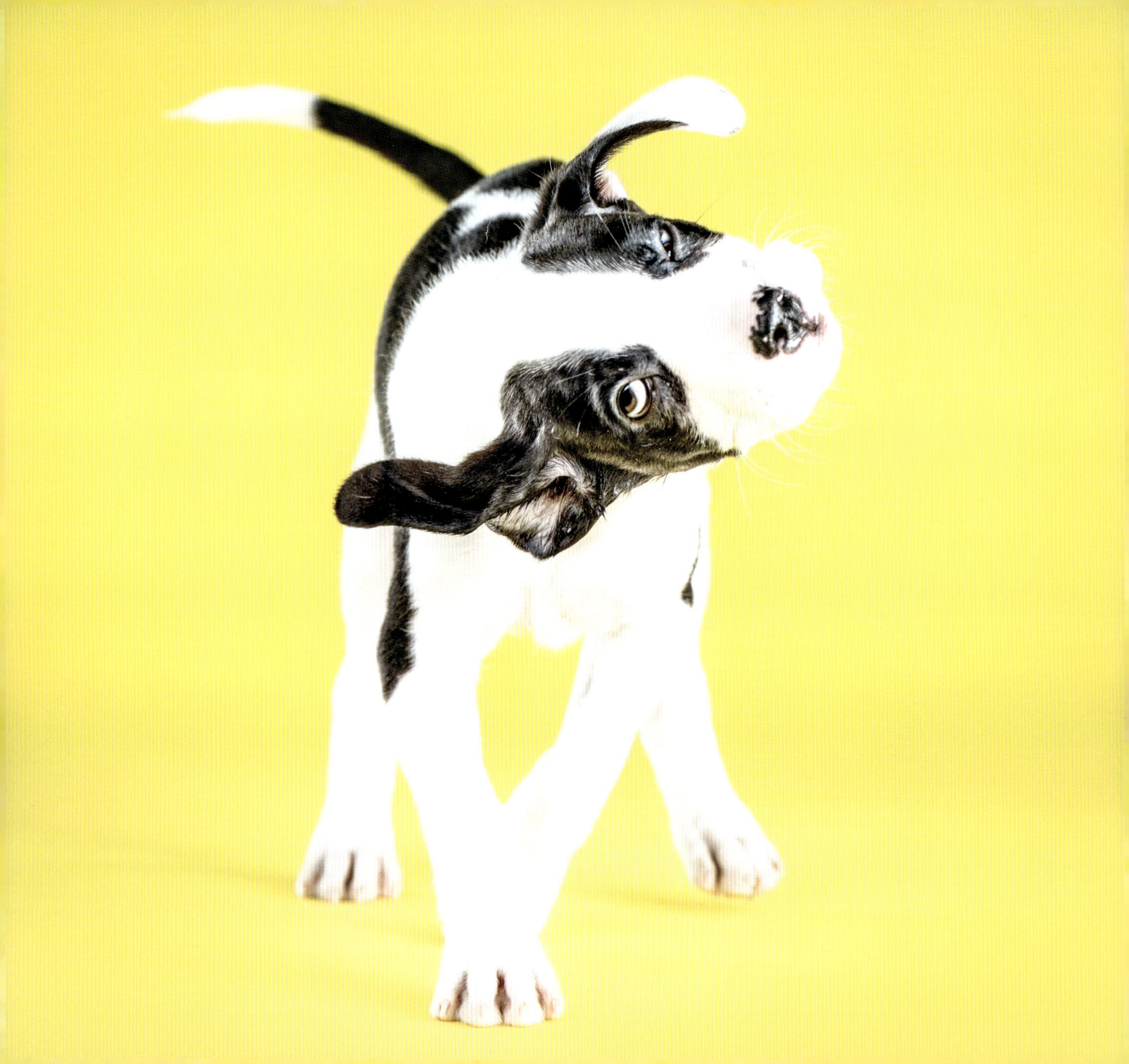

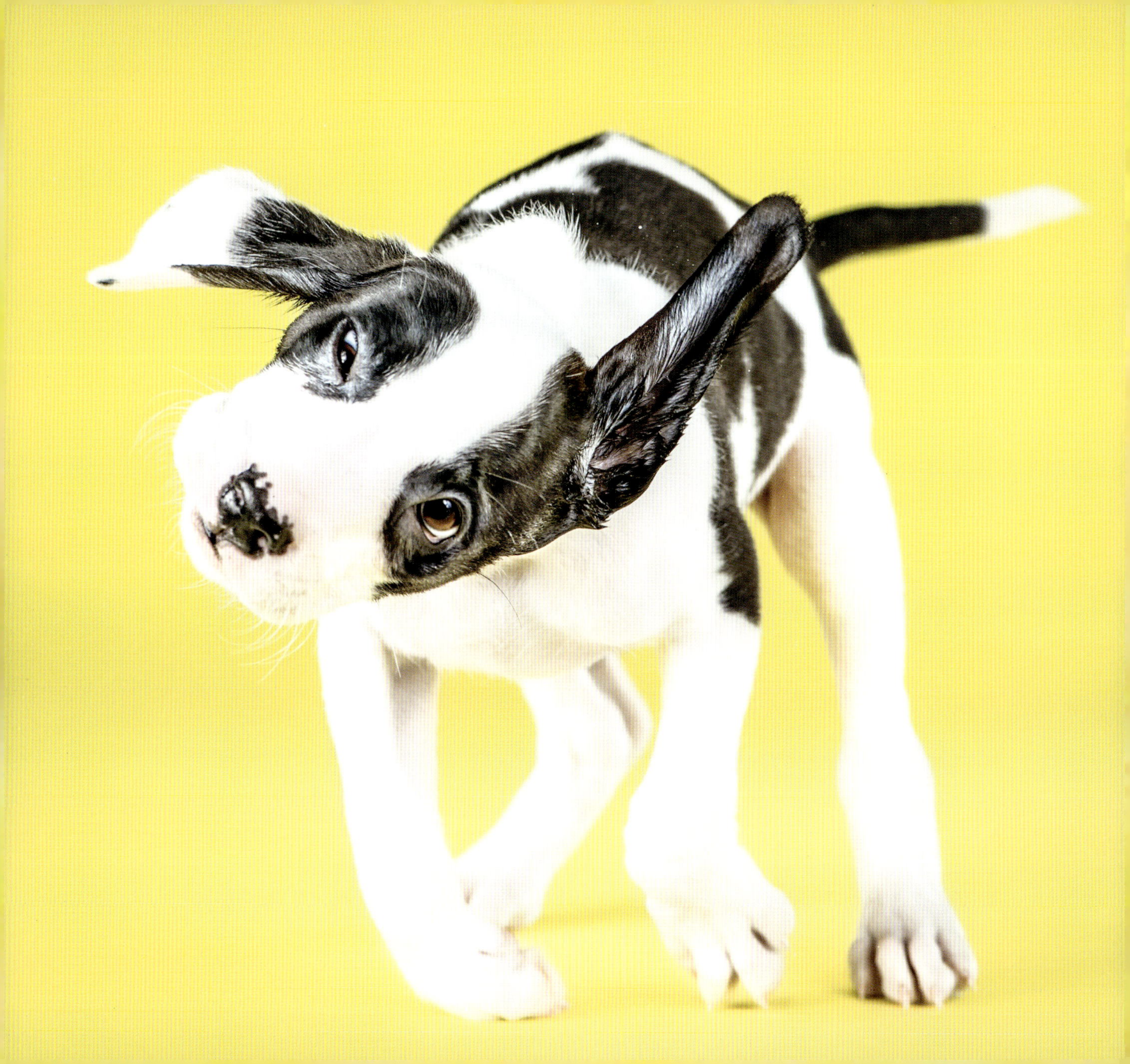

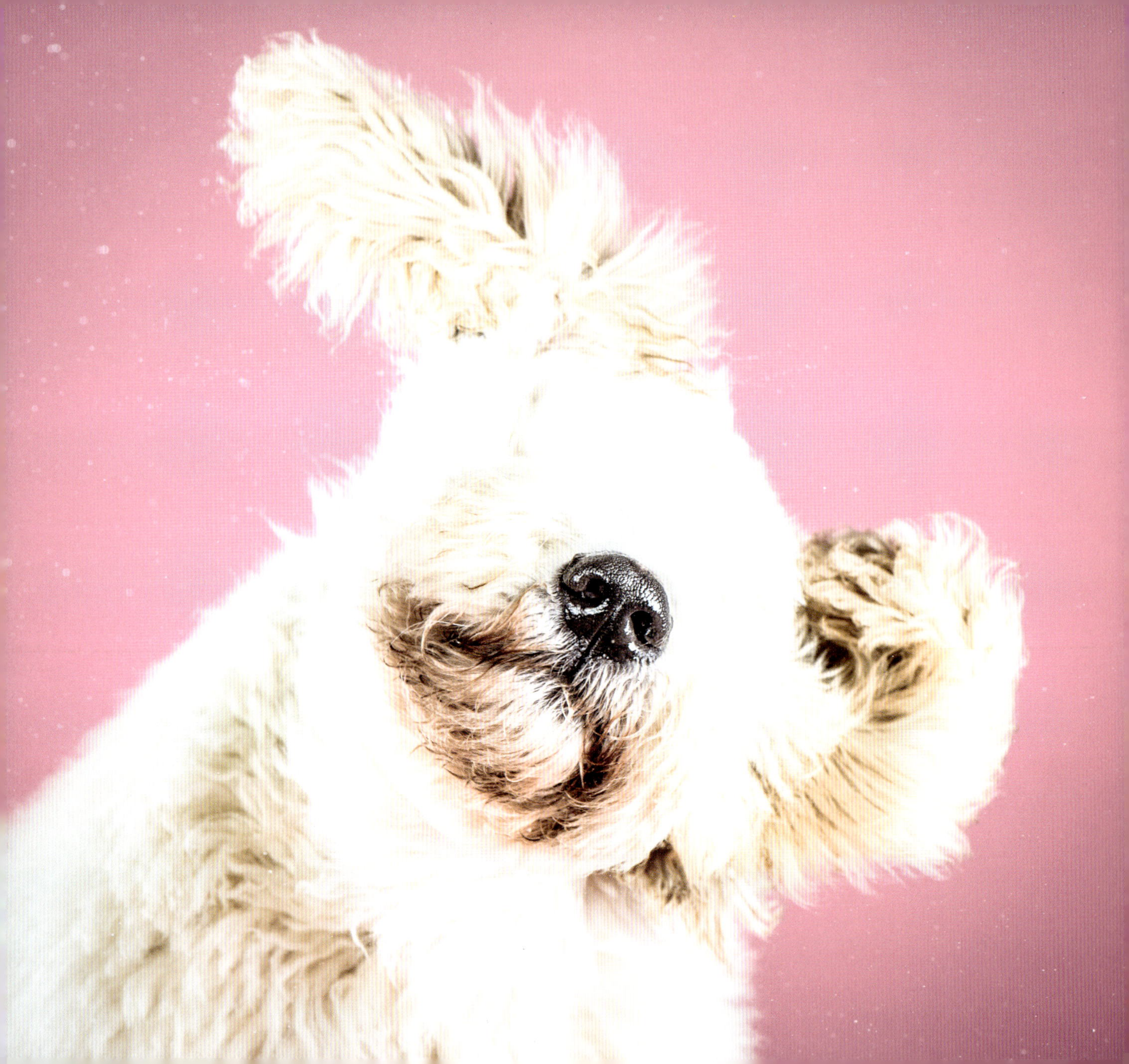

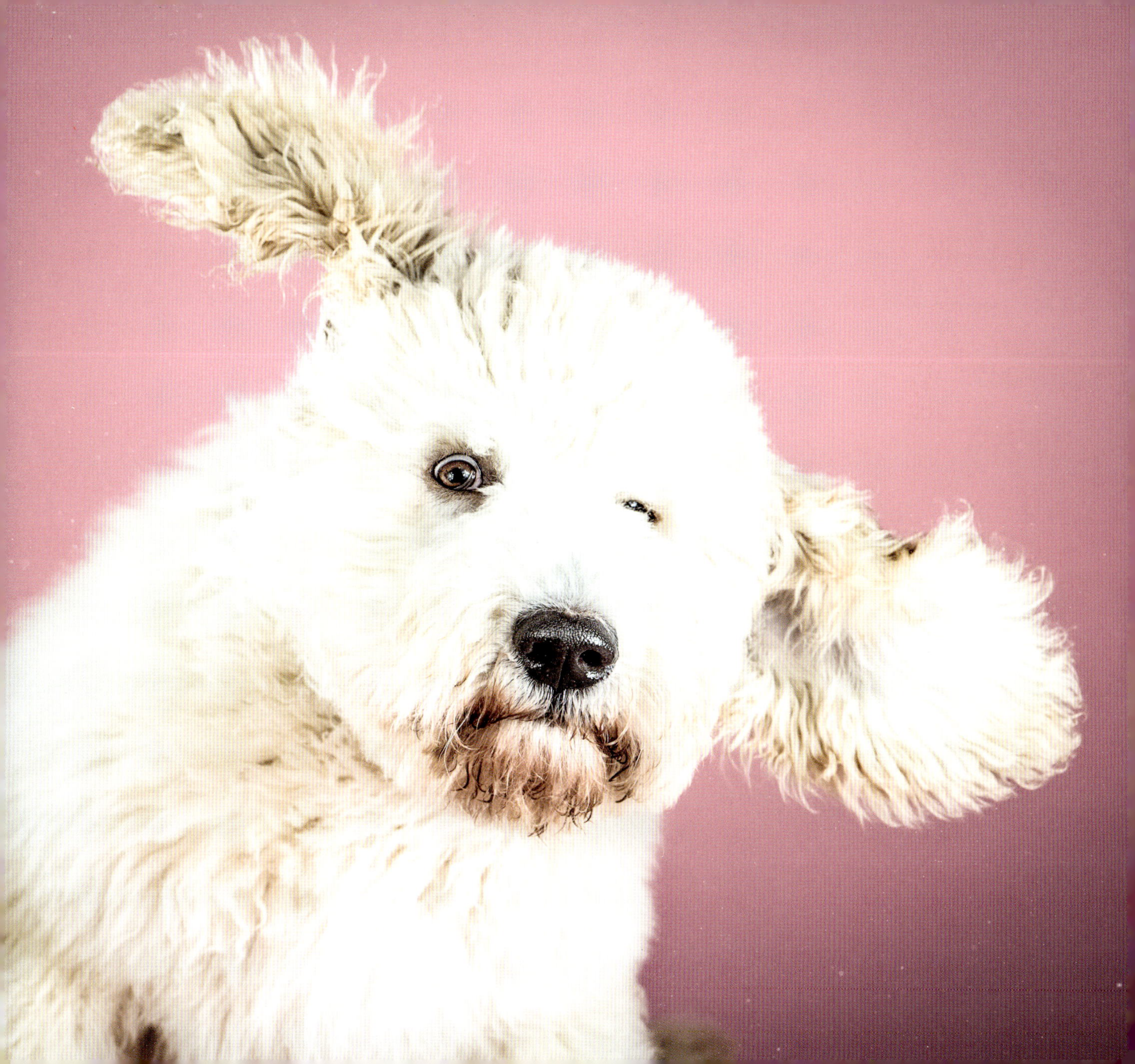

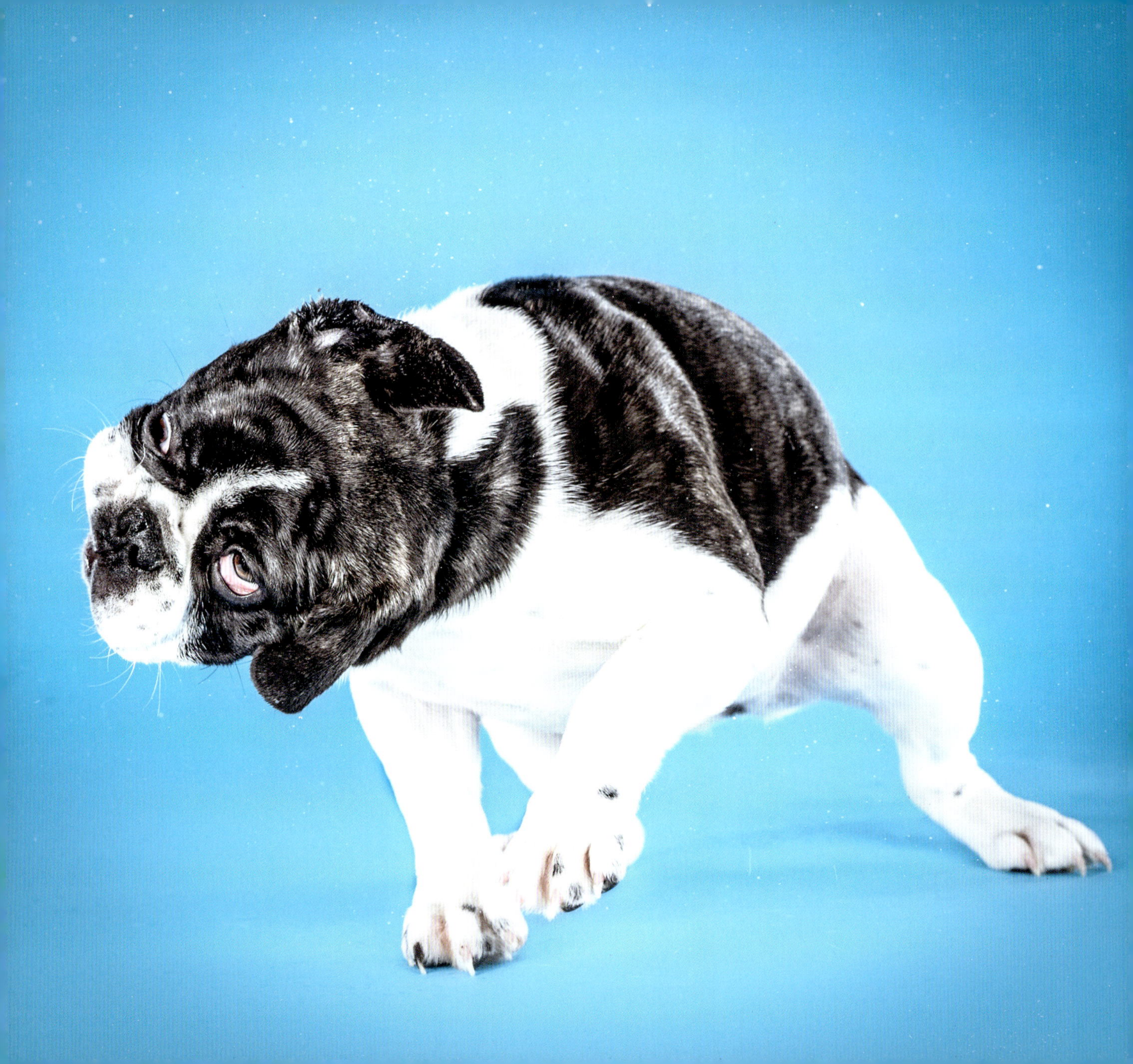

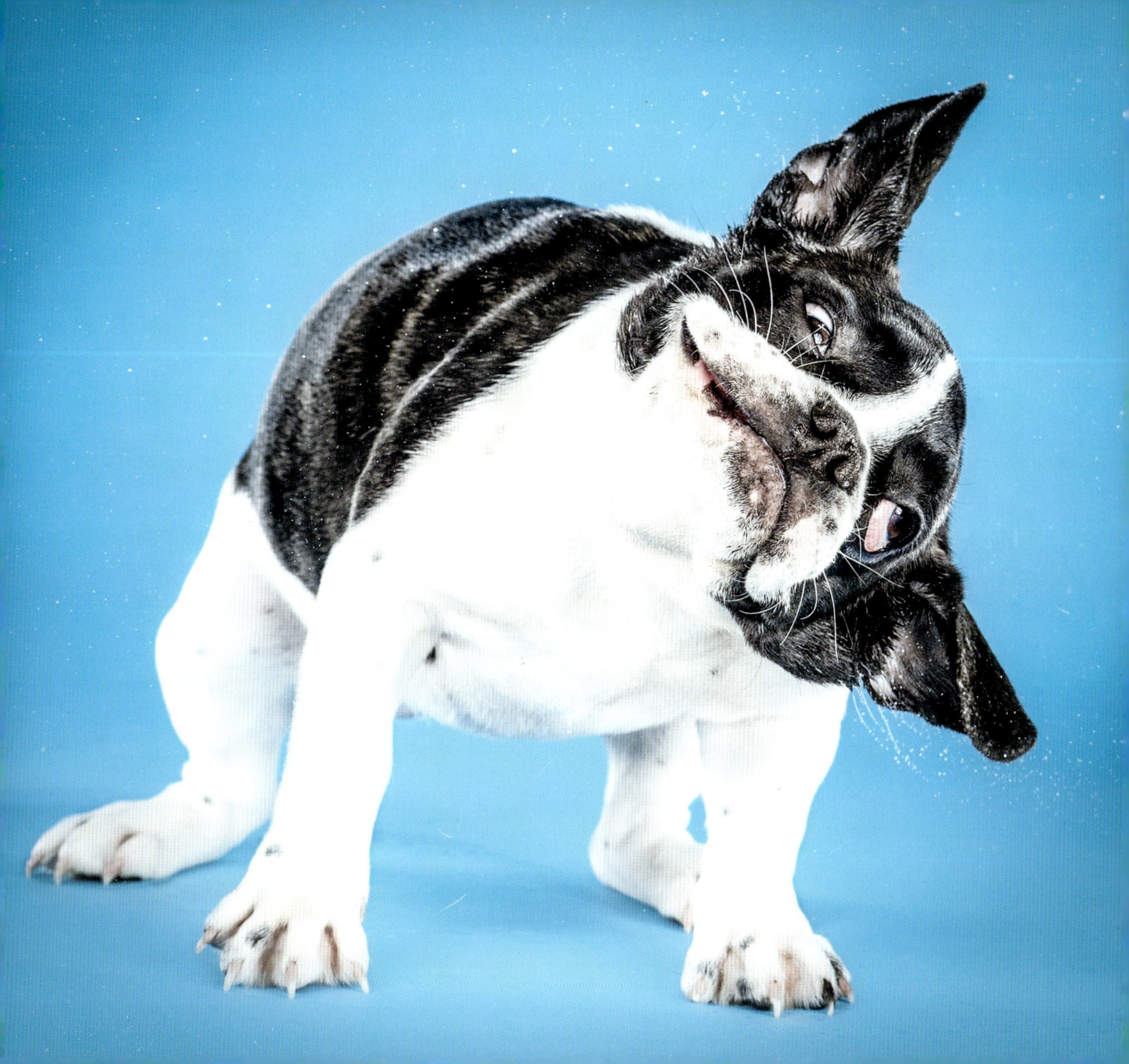

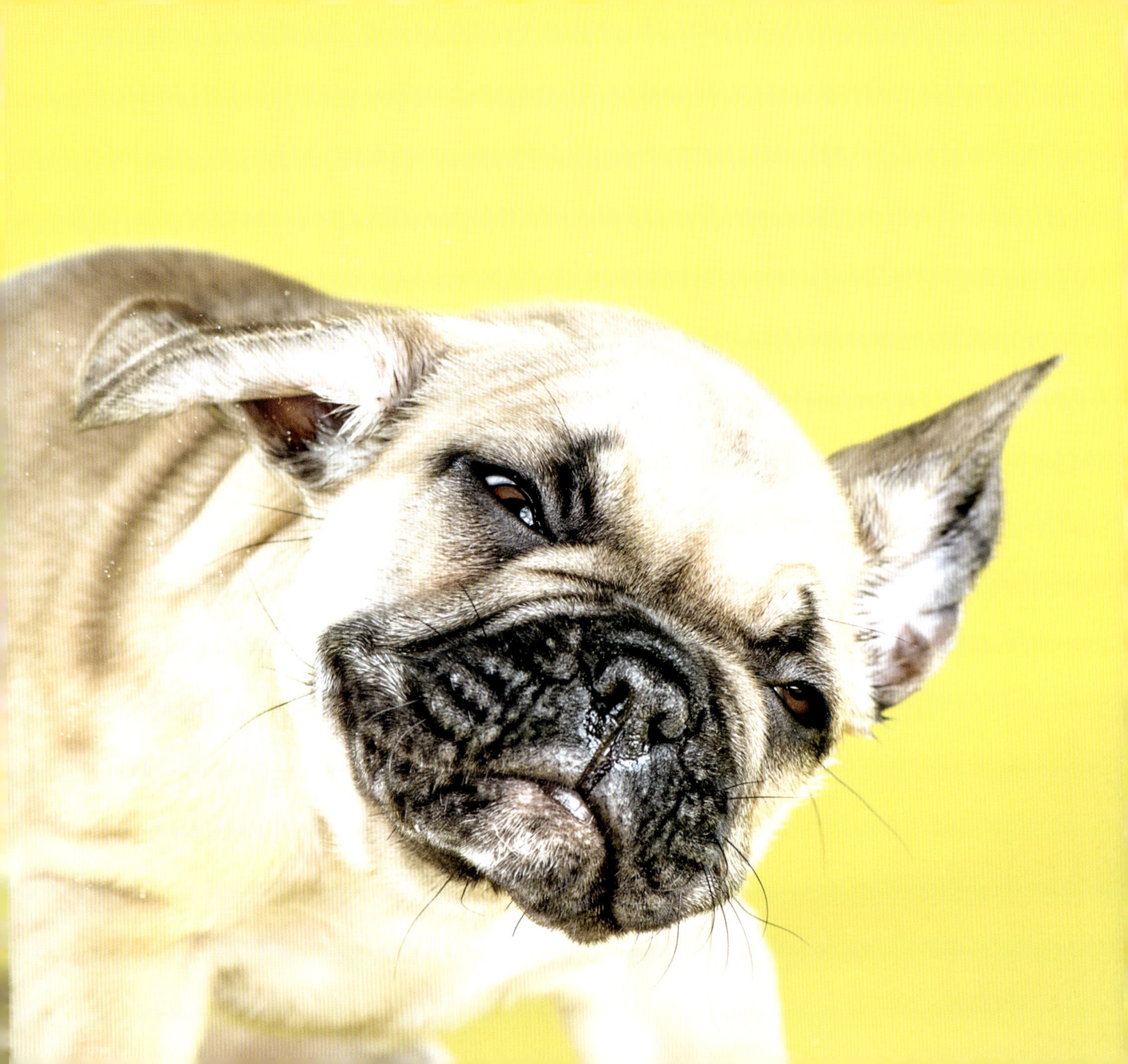

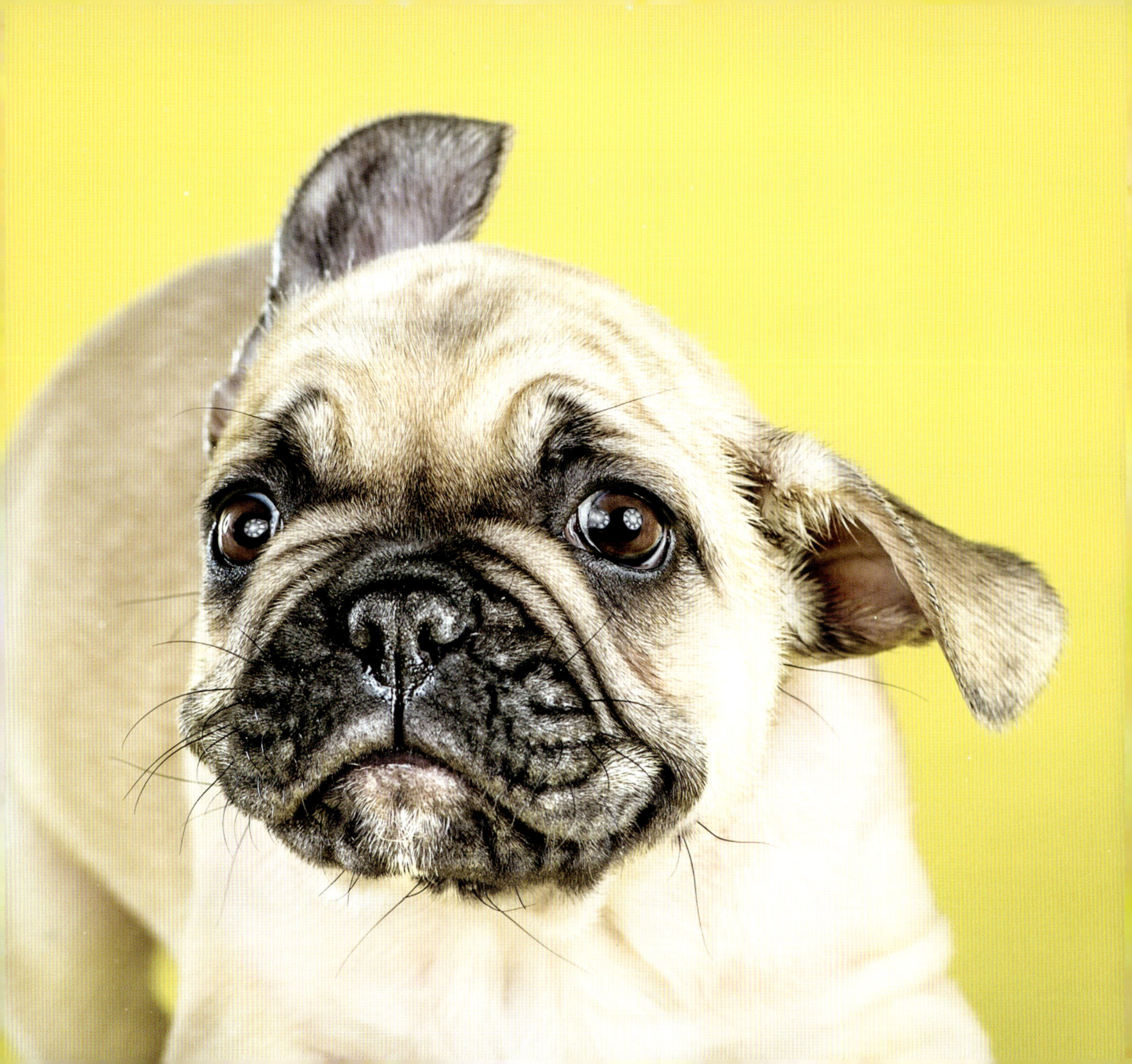

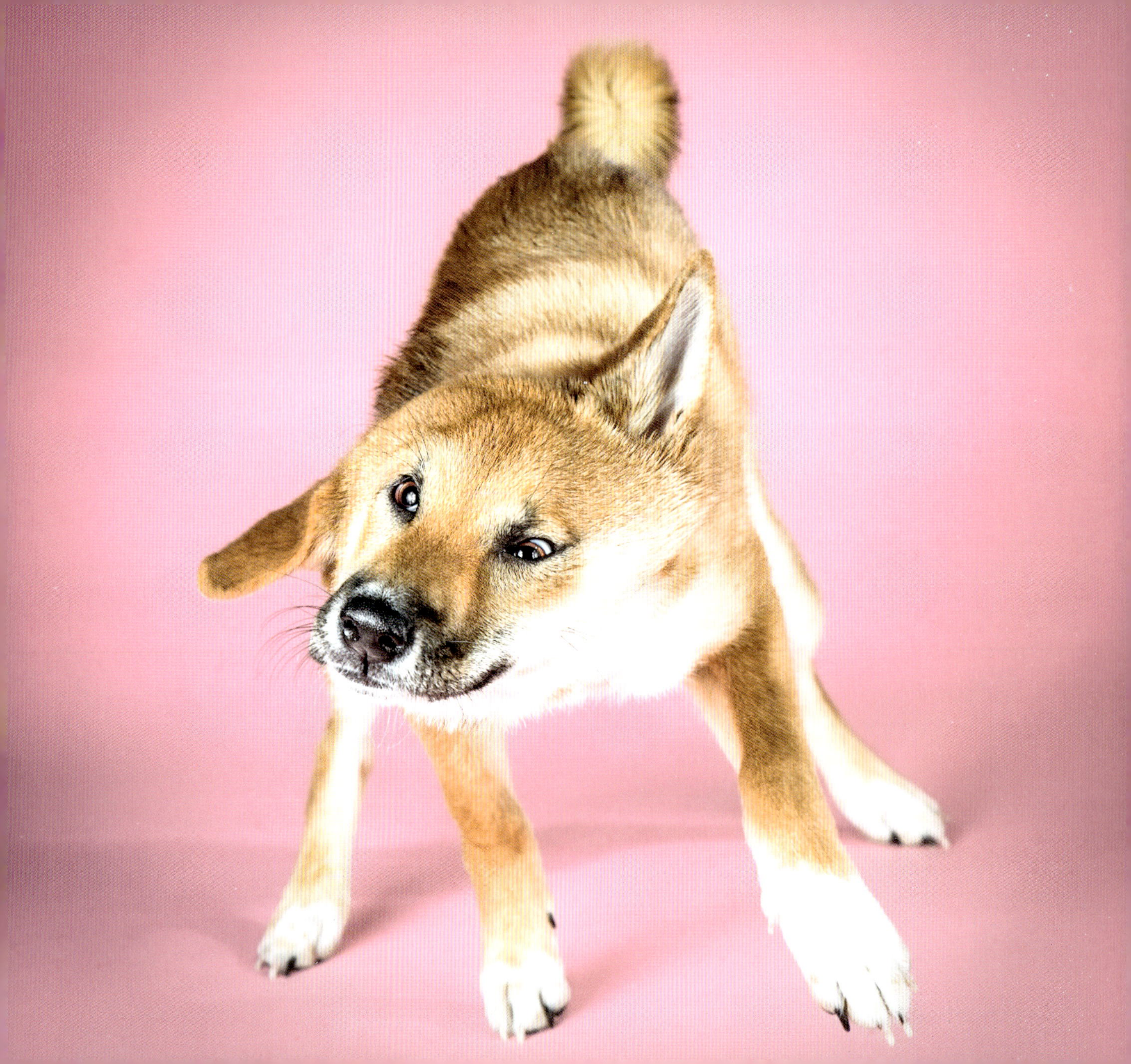

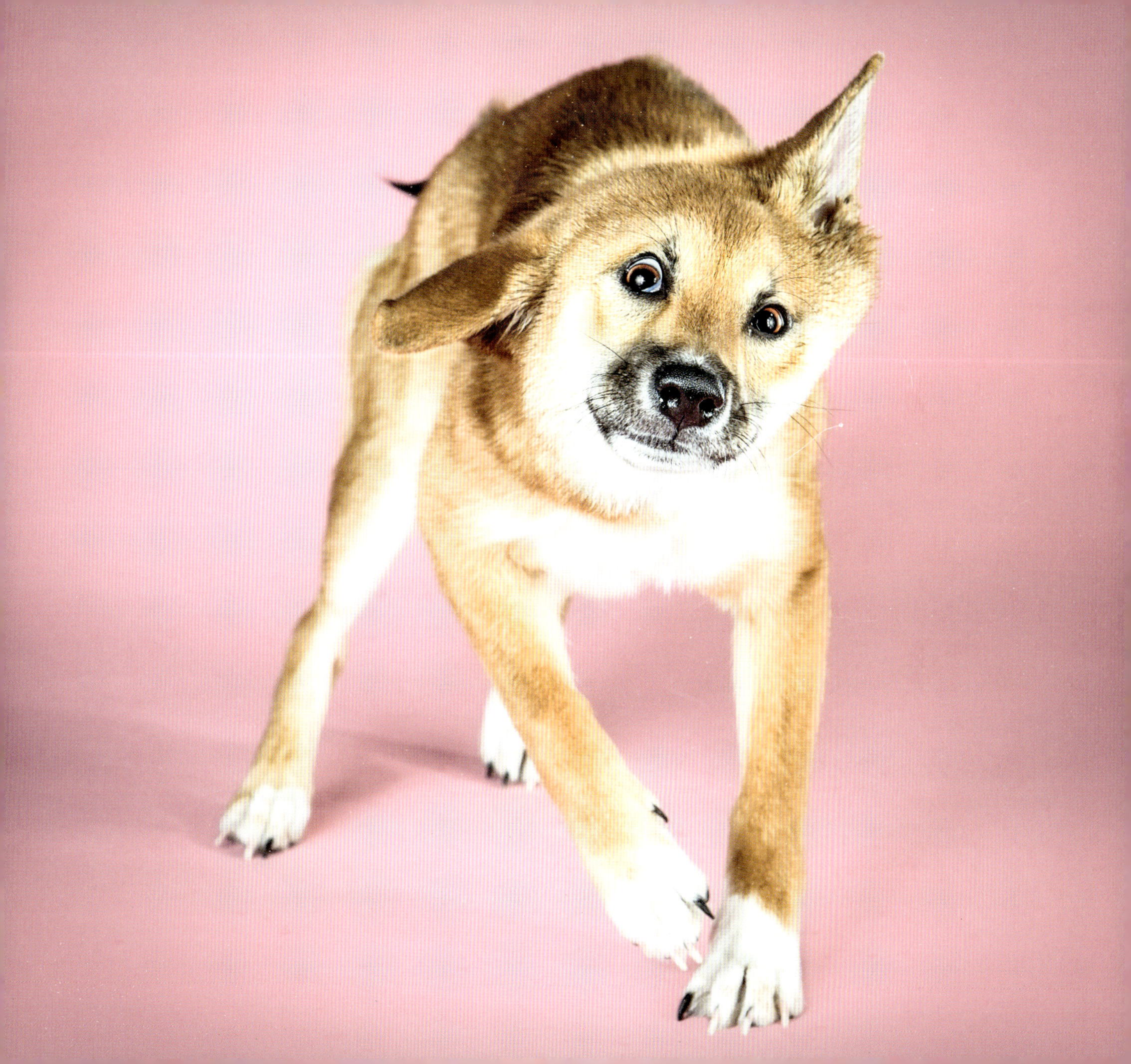

HUNDEERZIEHUNG – ZEHN MINUTEN TÄGLICH

Die meisten der über sechs Millionen Hunde, die jedes Jahr in einem Tierheim landen, sind noch nicht einmal zwei Jahre alt. An diese Statistik habe ich während der Arbeit an *SHAKE – Hundebabys schütteln sich* oft denken müssen, denn meine Modelle befanden sich gerade im prägendsten Stadium ihres Lebens.

Der Hauptgrund dafür, warum junge, gesunde Hunde ins Tierheim gegeben oder schlicht ausgesetzt werden, ist, dass es ihnen an der fundamentalsten Erziehung mangelt, die nötig ist, um die Erwartungen ihrer Besitzer erfüllen zu können – Erwartungen hinsichtlich dessen, wie ein Hund sein und wie er sich benehmen soll. Wer einen Hund als Welpen bei sich aufnimmt, sollte sich darüber im Klaren sein, dass er damit eine Verantwortung als Erzieher und Mentor übernimmt. Hundebabys wachsen schnell, und je jünger sie sind, desto einfacher lernen sie. Warten Sie daher bei Ihrem Welpen nicht, bis er »kein Baby mehr ist«, sondern erziehen Sie ihn vom ersten Tag an. Welpen lieben es zu lernen, und je früher Sie mit dem Training beginnen, desto unkomplizierter gelingt später die Kommunikation. Empfehlenswert ist es auch, sich Bücher zum Thema Hundeerziehung (operante Konditionierung, positive Bestärkung) zu besorgen und sich in Hundeschulen fachmännisch beraten zu lassen.

Die folgenden fünf grundlegenden Befehle erleichtern die Hundeerziehung immens und sollen deshalb in diesem Buch voll süßer Hundewelpen nicht fehlen. Wenn Sie geduldig und konsequent mit Ihrem Schützling üben, wird dank täglicher Übung aus Ihrem Welpen bald ein zufriedener, wohlerzogener Begleiter. Damit Ihr Hund Freude am Training hat, sollten Sie das Training allerdings in kurze, zehnminütige Einheiten aufteilen. Und nicht nur junge Hunde sind lernfähig, vertrauen Sie mir. Als ich während der Arbeit an diesem Buch einen acht Jahre alten Hund aufnahm, musste ich ihm einige dieser Kommandos erst beibringen, und es gelang.

SITZ: Sagen Sie »Sitz!« und führen Sie dann ein Leckerli von vor der Nase des Hundes langsam über seinen Kopf. Sobald der Hund sitzt, sagen Sie: »Braver Hund!«, und geben ihm die Belohnung. Geben Sie den Befehl im Laufe des Trainings von etwas weiter weg und ohne dem Hund vorher die Belohnung zu zeigen.

AUS: Nehmen Sie zwei Lieblingsspielzeuge Ihres Hunde, lassen Sie ihn mit einem spielen, sagen Sie »Aus!«, und zeigen Sie ihm dann das andere Spielzeug. Wenn er den Befehl befolgt hat, loben und belohnen Sie Ihren Hund.

AN DER LEINE GEHEN: Legen Sie Ihrem Hund im Haus eine Leine an (immer unter Aufsicht!), um ihn an das Gefühl der sanften Führung zu gewöhnen. Sobald er ohne zu zerren mit Ihnen an der Leine geht, belohnen Sie ihn mit lobender Stimme und einem Leckerli. Mit dem Leinentraining können Sie schon beginnen, wenn der Hund noch sehr klein ist. Gehen Sie dann auch immer öfter mit angeleintem Hund nach draußen.

RÜCKRUF: Sagen Sie den Namen Ihres Hundes und zeigen Sie ihm ein Leckerli. Belohnen Sie ihn zunächst, sobald er zu Ihnen kommt, und später, sobald er sich am Halsband festhalten lässt. Sobald der Hund begriffen hat, was Sie von ihm wollen, geben Sie ihm nur gelegentlich ein Leckerli, aber loben Sie ihn weiterhin. So können Sie Ihren Hund in Notfallsituationen zurückrufen, und er wird immer gerne folgen.

DESENSIBILISIERUNG: Zu wissen, wie man sich im Menschenalltag richtig benimmt, ist für einen jungen Hund nicht selbstverständlich, daher sollten Sie ihn frühzeitig mit der Hundeetikette vertraut machen. Spielen Sie mit seinen Pfoten und halten Sie ihn fest; säubern Sie regelmäßig seine Ohren und baden und bürsten Sie ihn. Gehen Sie mit Ihrem Welpen oft unter Leute und machen Sie ihn frühzeitig mit Fahrrädern, Skateboards und Autos vertraut. Gewöhnen Sie ihn an laute Geräusche, fremde Umgebungen, kleine Kinder, Tierarztbesuche, Katzen und andere Tiere, die ihm begegnen könnten. Darüber hinaus sollte Ihr Hund oft mit anderen Hunden spielen, sobald er geimpft ist, damit er seine sozialen Kompetenzen ausbilden kann.

KISTENTRAINING: Gewöhnen Sie Ihren Hund daran, kurze Zeiten in einer Box zu verbringen. Dadurch können Sie viele gefährlichen Situationen vermeiden und haben auch auf Reisen einen entspannten Hund.

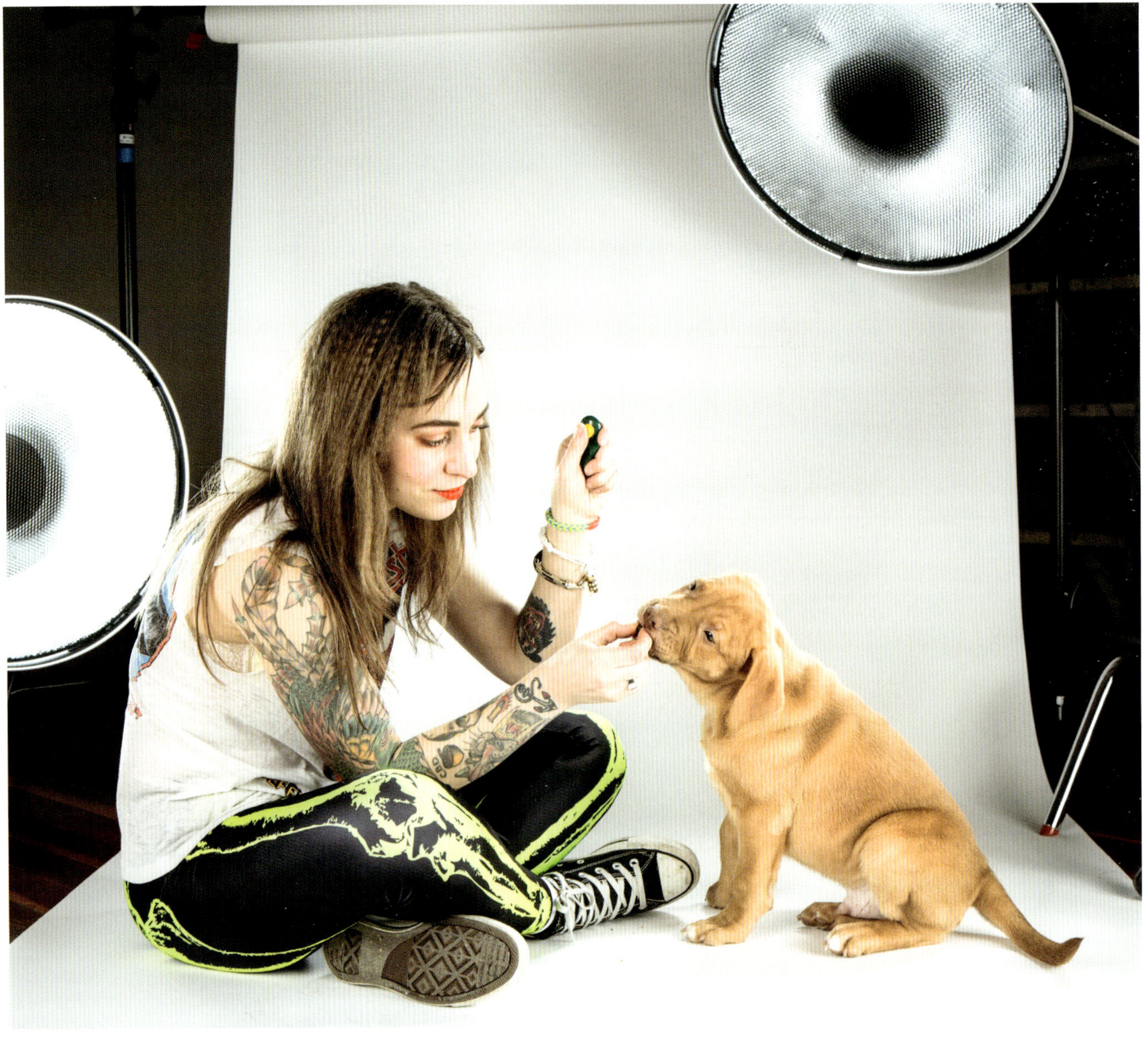

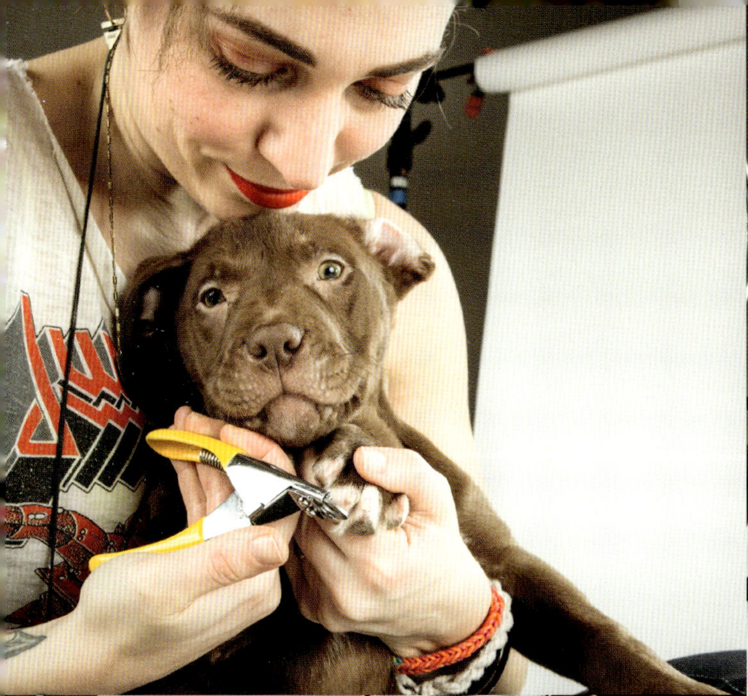
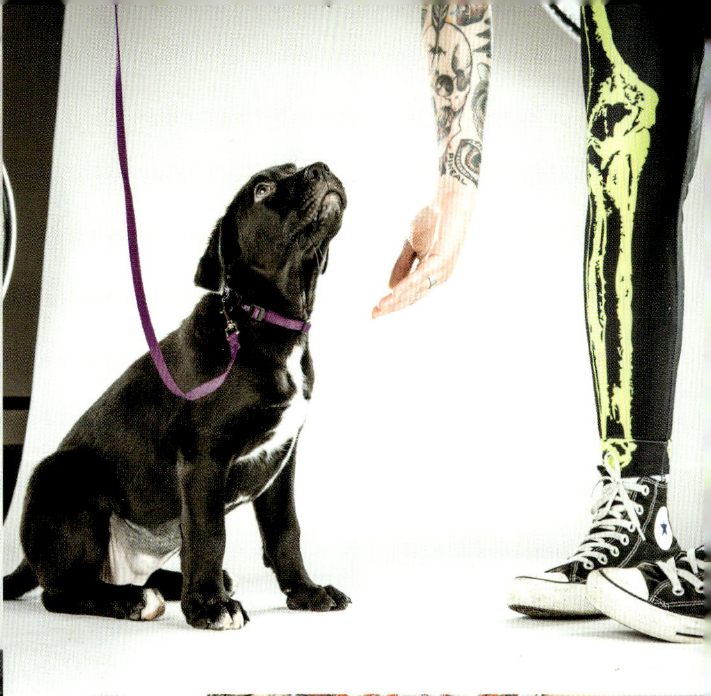
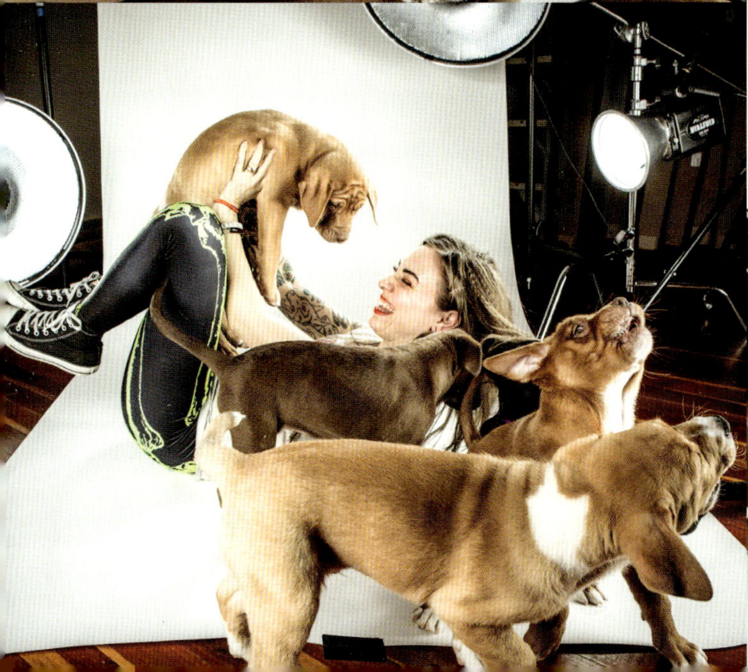
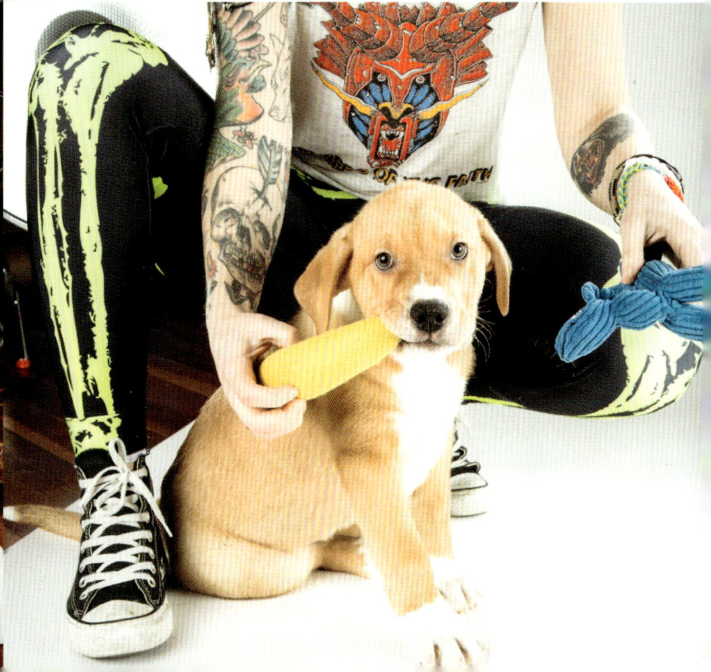

DIE FOTOMODELLE

Ein riesiges Dankeschön an alle, die mir ihre meist *winzigen* Hundebabys anvertraut und sich die Zeit genommen haben, mich im Studio zu besuchen. Nicht alle Hunde, die ich fotografiert habe, konnten in diesem Buch abgebildet werden, aber ich möchte mich noch einmal ausdrücklich für ihre Bereitschaft, sich fotografieren zu lassen, und für die Freundlichkeit ihrer Besitzer bedanken.

Hier nun die Fotomodelle in der Reihenfolge ihres Auftretens:

Meatball
10 Wochen

Vincent
8 Wochen

Oakland
5 Wochen

Cutlass
20 Wochen

Chamomile
9 Wochen

Koda
20 Wochen

Hera
16 Wochen

Annie
7 Wochen

Cloud
8 Wochen

Shadow
16 Wochen

Cece
11 Wochen

Dakota
11 Wochen

Duncan Lou Who
20 Wochen

Millie
16 Wochen

Molly
20 Wochen

Hans
12 Wochen

Shallowmyre
14 Wochen

Lexi
12 Wochen

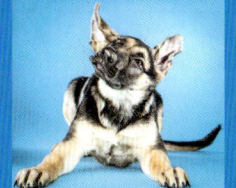

Silas 12 Wochen	 **Lena** 16 Wochen	 **Shyla** 10 Wochen	 **Dexter** 10 Wochen	 **Stella** 16 Wochen	 **Elvis** 9 Wochen
 **Gus** 16 Wochen	 **Hope** 12 Wochen	 **Fluffy Shark** 44 Wochen	 **Ziggy** 20 Wochen	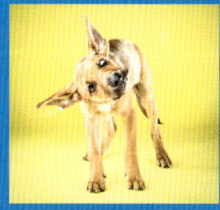 **Riot** 10 Wochen	 **Jojo** 12 Wochen
 **Frankie** 11 Wochen	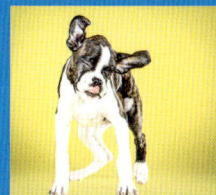 **Josie** 12 Wochen	 **Deja** 14 Wochen	 **Maxwell** 10 Wochen	 **Chance** 10 Wochen	 **Pug Willa** 13 Wochen
 **Olly** 14 Wochen	 **Muppet** 20 Wochen	 **Hendrix** 16 Wochen	 **Camper** 13 Wochen	 **Tuck´n´Roll** 8 Wochen	 **Latte** 12 Wochen

Andies 6 Wochen	**Baby** 16 Wochen	**Liam** 8 Wochen	**Bailey** 24 Wochen	**Olyvia** 13 Wochen	**Charlotte** 8 Wochen
Maeve 11 Wochen	**Waldo** 13 Wochen	**Stoans Windshadows** 5 Wochen	**Jettah** 14 Wochen	**Chief Whisker Biscuit** 12 Wochen	**Pele** 20 Wochen
Jonny 8 Wochen	**Prince Louis** 16 Wochen	**Tina Fey** 9 Wochen	**Pumpkin** 6 Wochen	**Jax** 10 Wochen	**Perry** 16 Wochen
Lucy 16 Wochen	**Frankie** 10 Wochen	**Lucia** 16 Wochen	**Saul** 418 Wochen		

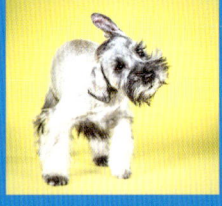

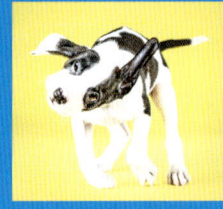

DANK

Mein Dank gilt Amanda, die all die langen Tage in meinem Studio Welpen bespaßt, meine Ausrüstung geschleppt und mir heiße Schokolade mit Bourbon gekocht hat. Ich verdanke dir mein Leben, weil du uns in diesem fürchterlichen Gewitter von Bend heil nach Hause gebracht hast. Ich danke auch deiner Familie (Gary, Beast und Jade, die auch am Set geholfen haben!) und dir dafür, dass ich dir so viel Zeit stehlen durfte.
Ich danke Tim dafür, dass er immer zu Hilfe eilte, um im Studio alles herzurichten, und mir so die Arbeit ungeheuer erleichterte. Nicht zu vergessen die warmen Mahlzeiten und die Liebe, die mich zu Hause erwarteten.
Ich danke meiner Agentin Jean Sagendorph; sie hat den Weg dafür geebnet, dass ich meinen Unterhalt damit verdienen kann, mit Hundebabys zu spielen. Einfach toll!
Mein Dank gilt auch meiner Herausgeberin Julia Abramoff: Sie lässt mir die nötige kreative Freiheit, verrückte Bücher über Hunde zu machen, die wie süße kleine Monster aussehen. Außerdem danke ich dem Team bei HarperCollins, darunter Lynne Yeamans, Renata Marchione, Paige Doscher und Liz Esman. Ein großes Dankeschön an alle, die mir am Set und anderswo geholfen haben, darunter Tanya Paul, Michael Durham, Cindy Classen, Bree Winchell, Cheyenne Allott, Megan Adams, Michelle Borgese, Sierra Hahn, Nicole Niccasio, Giovanna Marcus, Wonder Puppy, Mt. Tabor Veterinary Care, der Zoo von Oregon, Pushdot Studios und Seth Casteel.
Und schließlich danke ich all den Menschen, die mich immer daran erinnern, das Leben zu lieben, darunter Andi Davidson, Michael Rudin, Jennifer Rudin, Joanne Kim, Holly Andres, Joseph Russo, Carly Chappelle, Salisha Fingerhut, Jennifer Harris, Dori Johnson, Deena Davidson, Charles Davidson, Marilyn Rudin, Leslie Davidson, Barbara Davidson, Danielle Davidson, Andy Davidson, Eric Davidson, Bob Davidson, meinen wunderbaren Nichten und Neffen, den Wiesches und ihren Verwandten, Kuo-Yu Liang, Joe Preston, Eric Powell, Ryan Hill, Craig Thompson, Alana DaFonseca und Flip, Danica Anderson, Hukee, Carlos Donahue, Janice Moses, Krisi Rose, Randy Stradley, Matt Parkinson, Jeremy Atkins, John Schork, Mike und Bub, Greg Morrison, Carla Winch, Erica Dehil, Hannah Ingram, Scott Harrison, Jen Lin, Ali Skiba, Moira Morel, Kevin und Alissa, Lew und Alice, den Beckers, Nikon, Sara und Lee, Marco und Andrea, Lance und Sara, den Alesandros, J. Nicole Smith, Sharon Clay, Tony Ong, Jeri Baker, Larry und Pamela, Stumptown, Nadia Buyse, Suzanne Raymond und der fantastischen Crew von Variable Productions.

*Saul habe ich während der Arbeit an SHAKE – Hundebabys schütteln sich
bei mir aufgenommen. Er ist zwar schon acht, musste aber trotzdem ins Buch,
weil unser gemeinsames Leben erst zwölf Wochen alt ist.*